Andrea J. Larson

Lange lieben wollen

Andrea J. Larson

Lange lieben wollen

Wie unser Leben hält,
was unsere Liebe verspricht.

adeo

Inhalt

Prolog 9

*Das Bild der reifen Liebe hat mit der jungen Liebe nichts
gemein. Trotzdem stürzen wir uns in dieses Abenteuer mit der
Hoffnung, auf der anderen Seite des Beziehungsozeans glücklich
zusammen wieder aufzutauchen.*

1 Die moderne Ehe gleicht einem Roulettespiel 15

*Eine Ehe einzugehen erfordert ein hohes Maß an Verbind-
lichkeit – das entspricht so gar nicht dem modernen Ideal der
Flexibilität und freien Entfaltung. Es ist kein Wunder, dass sich
Paare mittlerweile immer später trauen lassen. Und leider geht
rund die Hälfte aller Ehen in die Brüche.*

2 Die Ehe ist kein Wunschkonzert. 22

*Verliebte, die sich heutzutage für eine Ehe entscheiden, erhoffen
sich davon das komplette Paket: Romantik, Nähe, sexuelle
Befriedigung, genügend Raum zur individuellen Entfaltung
innerhalb der Beziehung – hohe Erwartungen können nur in
Enttäuschung enden.*

3 Von der Überlebensstrategie zur
  Selbstverwirklichung 34

*Die Ehe im Wandel der Zeit, von der nützlichen Partnerschaft
zur Liebeshochzeit – Überraschung: die traditionelle Ehe gab es
nie!*

4 (Tier) sein oder nicht sein, das ist hier die Frage 47

*Auch wenn biologische Triebe eine lange, monogame Beziehung
zur Herausforderung machen, sucht das Herz nach einem
entspannenden Zuhause – und die Chemie hilft uns dabei!*

5 Die ideale Partnerschaft in Theorie und Praxis:
  ein Selbsttest 57

*Psychologen erklären, welche Eigenschaften wir bestenfalls mit
in die Ehe bringen sollten, um unserer Beziehung die größten
Erfolgschancen zu geben. Mein Selbsttest fällt hier gemischt
aus – das kann ja heiter werden!*

6 Der Prinz entpuppt sich als Frosch:
  die Sache mit der Trennung......................... 84

*Befreiungsschlag oder Sumpf der Trauer? Wie viel glücklicher
sind Partner wirklich nach einer Trennung?*

7 Mit verbundenen Augen nach Liebe suchen –
Die nächste Generation 105

*Scheidungskinder müssen ihre eigene Partnerschaft neu
erfinden, ohne jemals ein intaktes Familienmodell erfahren zu
haben – das gleicht dem Autofahren ohne Führerschein, und
zwar blind!*

8 Krise heißt auch Wendepunkt. 122

*Jubel, Trubel, Heiterkeit – und plötzlich Turbulenzen:
die verschiedenen Stadien innerhalb einer Ehe.
Langverheiratete Paare erzählen.*

9 Da bleiben, um lieben zu lernen. 153

*Liebe ist eine Kunstform wie die Musik. Niemand erwartet,
dass ein Mensch von Beginn an die Nuancen des Musizierens
versteht, aber alle glauben von Kindesbeinen an zu wissen,
wie man wirklich liebt.*

10 Ja, ich will! 176

*Damit die Ehe wind- und wetterfest wird, müssen wir uns
immer wieder neu für den gemeinsamen Weg entscheiden.*

Nachwort 187

Über die Autorin 189

Literaturverzeichnis 190

Quellenhinweis 191

Prolog

Darf ich mich kurz vorstellen: Andrea Larson, Mitte dreißig, verheiratet, drei Kinder. Meine eigenen Eltern sind seit über 35 Jahren glücklich verheiratet, die Eltern meines Mannes bereits mehrmals geschieden. Der Bruder meines Mannes ist einmal geschieden, der Beziehungsstatus meiner eigenen Geschwister zum momentanen Zeitpunkt ungewiss. Dies soll keine Vorstellung für eine Selbsthilfe-Gruppe werden. Und vielleicht denken Sie jetzt sogar, das alles ist nichts Besonderes. Genau das ist ja das Problem! Wie, um Himmels Willen, soll denn unsere Generation noch Vertrauen in die lebenslange Liebe haben, wenn nur noch eine schwindende Minderheit dieses Ziel tatsächlich erreicht. Hollywood macht das Bäumchen-Wechsel-Dich-Spiel vor – die Liebe auf den ersten Blick gefolgt von einer Kurzzeitehe, für die man oft nicht mal mehr eine ganze Hand benötigt, um die Ehe-Jahre (oder -Monate) zu zählen – und wir machen es nach. Stimmt nicht? Sie haben Recht – immer häufiger heiraten wir einfach gar nicht mehr – somit gehen wir dem gesamten Schlamassel von Anfang an gleich aus dem Weg. Außerdem haben wir ja heutzutage Möglichkeiten, wir müssen uns schließlich nicht mehr mit Mittelmäßigkeit zufriedengeben. Wir sind so geschult, uns alle Optionen offen zu lassen – solide Schulausbildung, Studium mit großer Bandbreite, um möglichst viele Wege offen zu halten. Freundschaften und

Partnerschaften, die für den Moment nützlich und passend sind. Wer weiß, was wir später einmal machen wollen. Möglichst viel Unabhängigkeit und Freiheit, bloß nicht dauerhaft festlegen und keinesfalls ein Leben lang. Immer schön flexibel bleiben. Wenn da nicht diese Sehnsucht wäre, sich vielleicht doch an jemanden zu binden, ein Nest zu bauen, sich zu Hause zu fühlen, fallen lassen zu können. Wir wollen eins werden und doch frei bleiben und können nicht verstehen, wie uns die Liebe bei allem Taktieren und Planen auf Dauer abhandenkommt.

Letzten Sommer saß ich mit meiner Mutter in einem Biergarten am heimischen See und beobachtete die Gäste: junge Mädchen und Buben sprangen wild zwischen den Bänken umher, eine Gruppe Männer trank genüsslich ihr Maß Bier und unterhielt sich lautstark im Dialekt über Politik und Lokalsport, einige Touristen parkten ihre Fahrräder am Zaun und bestaunten die schöne Panorama-Aussicht. Inmitten von all dem Trubel saß ein altes Bauernpaar. Er mit gefilztem, grauem Hut, sie mit geflochtenem Knoten im weißen Haar, faltiger, von der Sonne gegerbter Haut, beide um die 80. Sie hielten sich einfach nur an der Hand. Hier und da ein kurzer Satz, ein entspanntes Lächeln, ein vertrauter Blick. Dies ist das Bild, das ich in mir trage, wenn ich über die Liebe schreibe. Ankommen an einem Ort des wortlosen Verstehens, der Akzeptanz und des Friedens.

Zur gleichen Zeit trennten sich einige langjährige Paare in meinem Familien- und Bekanntenkreis, teilweise mehr, teilweise weniger überraschend. Bei manchen Ehen ist schon so viel an Vertrauen und Glück zerbrochen, dass sie ohnehin nur noch an einem seidenen Faden zu hängen scheinen. Wenn nur noch die gemeinsamen Kinder oder das Festhalten am Mutter-Vater-Kind-Idealbild die Partnerschaft zusammenhalten, ist die

Trennung selbst für Außenstehende vorhersehbarer. Das sind die gescheiterten Ehen, die man schneller abhakt, die uns übrigen Verheirateten nicht so nahe gehen. So war unsere Beziehung ja nie, ermutigen wir uns, so was kann uns sicherlich nicht passieren, hoffen wir. Anders ist es bei den Partnern, die wie füreinander geschaffen schienen, die sich nah und vertraut waren. Solche Trennungen verunsichern uns zutiefst – wenn es ein solches Paar nicht geschafft hat, die Liebe am Leben zu erhalten, wie sollen wir es dann können? Ich habe immer wieder beide Varianten solcher Trennungen gesehen und mit der Zeit angefangen, meine eigene Ehe genauer unter die Lupe zu nehmen. Ich hatte zunächst so viele Fragen und so wenige Antworten. Gibt es wasserdichte Methoden, Krisen zu umgehen? Wie können wir als Paar gestärkt und nicht geschwächt aus Konflikten hervorgehen? Können wir trotz großer Unterschiede von der Generation unserer Eltern und Großeltern etwas für unsere Partnerschaft lernen?

Da ich ursprünglich Wirtschaft studiert habe, wollte ich Statistiken, Studien und Fakten zusammentragen – logische Erklärungen. Gleichzeitig suchte ich aber auch nach menschlichen Erfahrungen, Mutzusprechern, den ewigen Romantikern, die mir sagen sollten, dass die lange Liebe funktionieren kann. Kurz: Ich wollte wissen, wie ein junges Paar vom anfänglichen Feuerwerk zum gemütlich prasselnden Kaminfeuer gelangt, ohne dass ihm die Liebe in der Übergangsphase still und leise abhandenkommt.

Egal ob alt oder jung, jede Liebesgeschichte beginnt ungefähr so: Der Blick fasziniert, die Figur betört, die Unterhaltung ist besonders anregend, der Humor unterhaltsam, die Stimme ganz sanft, das Lachen so herzlich. Es gibt etliche Gründe, warum wir uns ineinander verlieben und das Gefühl haben, ohne den anderen nicht mehr sein zu wollen. Bei manchem Paar wachsen die

Gefühle füreinander langsam, bei anderen geht es blitzschnell. Irgendwann kommen wir aber alle zu der Überzeugung, die Liebe des Lebens gefunden zu haben.

Für mich war der Auslöser eine wunderbare Unterhaltung mit meinem späteren Mann Mike. Er stammt aus Amerika und ich aus einem kleinen Ort in Bayern. Wir liefen uns bei einer Feier in meinem Heimatort zufällig über den Weg. Ich saß mit Freunden zusammen am Tisch und wir unterhielten uns angeregt. Später kam Mike zu mir herüber und fragte mich nach meinem Namen. Dass er sich den dann nicht gleich gemerkt hat, fand ich im Nachhinein amüsant.

Sein Anderssein und seine freie, ehrliche Art haben mich angesprochen. Trotz großer Unterschiede zwischen uns, ganz abgesehen von den offensichtlichen – Herkunft und Altersunterschied – spürten wir beide eine Vertrautheit und eine Ähnlichkeit. Es war allerdings erst beim zweiten, zufälligen Aufeinandertreffen in einem Lokal eine ganze Woche später, als wir wieder miteinander ins Gespräch kamen und der Faden riss nicht mehr ab. Darüber, dass Mike nur noch einen Monat in meinem Ort sein würde, bevor er zurück in sein Heimatland reisen sollte, haben wir uns zu diesem Zeitpunkt noch nicht den Kopf zerbrochen. Ich spürte eine so tiefe Verbundenheit, dass es mir ganz klar war: Diese Liebe ist etwas Besonderes, die will ich auf keinen Fall aufgeben. Ich war damals gerade achtzehn, Mike war 24 – also jung genug, um nur unserem Bauchgefühl zu folgen und nicht den Argumenten im Kopf. Ich denke oft darüber nach, wie schrecklich es gewesen wäre, wenn wir uns erst später kennengelernt hätten und uns aus logischen Gründen gegen unsere Liebesgeschichte entschieden hätten.

In den sechzehn Jahren, die wir mittlerweile gemeinsam durch das Leben gehen, zwölf davon verheiratet, haben wir nicht nur harmonische Zeiten erlebt, sondern auch viele Herausforderungen. Teilweise entstanden sie aufgrund der Tatsache, dass wir aus unterschiedlichen Ländern und Kulturen kommen und einer von uns beiden gezwungenermaßen nicht in seinem Heimatland leben kann. Natürlich hat keiner von uns vorher darüber nachgedacht, dass unsere Beziehung irgendwann logischerweise einen solchen Entschluss mit sich bringt. Wenn er dann plötzlich ansteht, möchte man am liebsten dem anderen die Schuld dafür zuschieben, dass man jetzt für immer so weit weg von zu Hause wohnen muss. In unserem Fall war ich diejenige, die diesen Schritt gegangen ist. Die Trauer über die Endgültigkeit dieser Entscheidung, gekoppelt mit anfänglichem Heimweh und der späteren Isolation als junge Mutter in einem fremden Land, hat unsere ersten Jahre als verheiratetes Paar kompliziert gemacht. Es gab immer wieder Konflikte und Anlass zu Auseinandersetzungen. Ich weiß, dass viele Partnerschaften an solchen Themen zerbrechen. Aber für mich war auch in den schweren Zeiten immer klar, dass ich lieber mit Mike als ohne ihn sein wollte!

Der sechsjährige Altersunterschied spielt heute keine Rolle mehr. Am Anfang unserer Beziehung war er jedoch gravierend. Ich hatte noch nicht einmal mit dem Studium angefangen, während Mike schon mitten im Arbeitsleben steckte. Als ich dann, nach unserem Umzug nach Amerika, an die dortige Universität wechselte und mich mit den amerikanischen Lebensgewohnheiten noch nicht auskannte, schien der Altersunterschied plötzlich immens. Meine anfängliche Verunsicherung, während Mike ganz in seinem Element war, brachte die Unterschiede extrem zum Vorschein. Als wir uns in Deutschland kennenlernten, war ich in meinem gewohnten Umfeld, Mike eher etwas verunsichert, weshalb uns die Differenzen zunächst überhaupt nicht aufgefallen sind.

Wenig später kamen die nächsten Herausforderungen auf uns zu: Mit unseren drei Kindern mussten wir uns, so wie die meisten anderen Paare auch, erst an die neue Elternrolle gewöhnen, Verantwortung übernehmen und uns gleichzeitig auch Freiräume für uns selbst erkämpfen. Mike und ich sind beide freiheitsliebende Menschen, und die Einschränkungen, die Säuglinge und Kleinkinder natürlicherweise mit sich bringen, fielen uns beiden sehr schwer. Nach etlichen Diskussionen konnten wir unsere unterschiedlichen Rollen als Elternteile klären und eine Zeiteinteilung finden, mit der wir beide seitdem sehr glücklich sind.

In schwierigen Situationen erinnere ich mich gerne an unser frühes, unschuldiges Aufeinandertreffen und an all das, was wir seither zusammen geschafft (und geschaffen) haben. Ich stelle mir vor, wie wir eines Tages auch als altes Paar auf einer Bank im Biergarten sitzen und dem Treiben um uns herum genüsslich zusehen. Obwohl ich weiß, wie absolut schlecht die Chancen heutzutage stehen, dieses Ziel auch zu erreichen, weigere ich mich, wie schon zu Beginn unserer Geschichte, meinen Kopf einzuschalten.

Dieses Buch ist eine Hommage an die lange Liebe, ein Erfahrungsbericht mitten aus dem Eheleben und zugleich ein Mutmacher, den ich den beängstigenden Trennungs-Statistiken entgegensetzen will. Anderen und auch mir selbst möchte ich Mut zusprechen, es trotz aller Fragen, Sorgen und Nöte immer wieder zu wagen, auf die Liebe zu setzen. Ich hoffe und glaube, dass meine Vision von der langen Liebe, einer lebenslangen Ehe, keine Illusion ist. Man kann mich altmodisch, naiv und blauäugig nennen, aber ich bin überzeugt, dass eine lebenslange Liebe möglich ist, wenn beide Partner sich lieben wollen.

1

Die moderne Ehe
gleicht einem Roulettespiel

Obwohl wir alle im Grunde nach dem Glück des alten Bauern-paares streben, hat der Beginn einer Beziehung nicht viel damit gemein. Als junge Paare sprühen wir meist vor Energie und ge-nießen unsere Dynamik und Vitalität, fühlen uns ganz beson-ders lebendig und kraftvoll. Wir gehen einfach davon aus, dass ein gutes Miteinander mit unserem Partner auf Dauer möglich ist. Wie genau das funktionieren soll und kann, spielt in die-sen Tagen keine Rolle in unserem Denken. Vielleicht ahnen wir, dass der Weg holprig werden kann. Aber warum soll das ausge-rechnet bei uns so sein?

Also trauen wir uns, so wie sich schon etliche Paare vor uns getraut haben.

Verheiratete Paare erinnern sich oft noch genau an den Mo-ment der Trauung. Wir stehen gemeinsam vor dem Priester oder Standesbeamten, halten gegenseitig unsere Hände, schauen uns meist nervös in die Augen und sprechen mit emo-tionaler Stimme die zwei Sätze, die schon Generationen vor uns gesprochen haben: «Mit diesem Ring nehme ich dich als meinen Mann (meine Frau). Ich werde dich lieben, achten und ehren in Gesundheit und Krankheit, in Reichtum und Armut, bis dass der Tod uns scheidet.»

Ein solches Eheversprechen wurde bereits in ähnlicher Form von unseren Eltern, Großeltern und Urgroßeltern gesprochen. Doch wenn wir den Text Wort für Wort betrachten, müssen wir wahrscheinlich ehrlicherweise zugeben, dass es für Paare, egal aus welcher Generation sie stammen, fast unmöglich ist, diesen Schwur tatsächlich zu halten.

Er beginnt problematisch: Niemand kann ernsthaft ein Versprechen darüber abgeben, den Partner auf Lebenszeit zu lieben. Wir wollen unseren Partner lange lieben, aber Gefühle können sich bekanntlich ändern.

Ein provokanter Vergleich: Es würde niemandem einfallen zu schwören, dass er sein ganzes Leben lang Pizza mit Schinken lieben wird, auch wenn er sie momentan noch so gerne isst. Es könnte ja sein, dass er in ein paar Jahren Pizza mit Salami bevorzugt oder womöglich gar keine Pizza mehr essen will. Aber die Liebe ist glücklicherweise keine Pizza!

Es geht weiter: Ob wir uns achten und ehren, hängt ganz davon ab, wie achtungsvoll und ehrenhaft wir miteinander umgehen. Trotz bester Vorsätze passiert es allerdings jedem von uns immer wieder, dass wir den anderen verletzen, im Zorn oder bei Enttäuschung eine Bemerkung fallen lassen, die wir im Nachhinein lieber zurücknehmen würden.

Wir hoffen, nicht nur bei Gesundheit, sondern auch bei Krankheit, in Zeiten finanzieller Sicherheit genauso wie in Notzeiten geliebt zu werden. Aber bekanntlich sind derartige Stolpersteine im Leben oft mit ernsthaften Beziehungskrisen verbunden. Wie krank oder arm darf der Partner sein, um noch »akzeptabel« zu bleiben? Bei vielen ist es ja genau die körperliche Vitalität oder sogar nur die finanzielle Stellung, die den Partner attraktiv machen.

Ich kenne ein Ehepaar, wo der Mann ganz klar entschieden hat, seine Frau zu verlassen, als diese die Diagnose Multiple Sklerose bekam und sich ihr Zustand schnell verschlechterte. Eine Frau im Rollstuhl konnte er sich langfristig nicht an seiner Seite vorstellen.

Unsere Gefühle, die wir im Eheversprechen zum Ausdruck bringen, sind zum Zeitpunkt der Heirat sicherlich absolut ehrlich, doch leider ist das Eheversprechen heutzutage für viele eher ein Ausdruck der Hoffnung oder bestenfalls eine Absichtserklärung. Es spiegelt mehr die Hoffnung auf dauerhafte Liebe wieder, als dass es eine klare Stellungnahme zu lebenslanger Verbundenheit wäre. Während frühere Generationen schlicht und einfach verheiratet waren (Punkt!), setzen wir heute eher ein Komma.

Wir sind uns völlig bewusst, dass die Chancen, die Liebe auf Lebenszeit zu genießen, derzeit gerade einmal bei knapp über 50 Prozent liegen. Im Durchschnitt dauert es nur vierzehn Jahre, bis bei der Hälfte aller Paare die Liebe abhandenkommt, sie ihr Eheversprechen vergessen und getrennte Wege gehen. Und bei vielen Ehen geschieht dies sogar noch viel früher.

Mittlerweile sind wir nicht einmal sonderlich überrascht, wenn eine Partnerschaft in unserem Umfeld in die Brüche geht. Schließlich bedeutet eine 50-prozentige Chance auf ehelichen Erfolg auch eine 50-prozentige Chance auf Misserfolg. Dass sich Paare bei einer solch geringen Möglichkeit, dauerhaftes Glück zu erfahren, überhaupt auf das Abenteuer Ehe einlassen, ist sowieso verblüffend. Sprächen wir über eine Geldanlage, würden sich nur die risikofreudigsten Bankiers auf diese Investition einlassen, und dies auch nur dann, wenn die Aussicht auf Gewinn extrem hoch wäre. Der ehemalige britische Premierminister Benjamin Disraeli brachte es in einem Brief von 1870 an Prinzessin Louise, Tochter von Queen Victoria, auf den Punkt: »Es gibt kein größeres Risiko als eine Eheschließung. Jedoch gibt es kein größeres Glück als eine zufriedene Ehe.« Deshalb ist es auch nicht verwunderlich, dass viele Paare diesen Schritt gar nicht erst gehen, sondern lieber dauerhaft als unverheiratetes Paar zusammenleben wollen. Das Risiko scheint zu hoch, die Institution zu altmodisch und einengend.

Trotzdem ist und bleibt die Ehe die größtmögliche Selbstverpflichtung, die ein Mensch eingehen kann. Sie ist sozusagen der Rolls Royce unter den Partnerschaften oder die Marathondistanz der Beziehungen. Anfänglicher Enthusiasmus weicht einer angenehmen Phase, in der alles wunderbar zu funktionieren scheint, bis plötzlich eine unerwartete Hürde auftaucht, auf die wir uns einstellen müssen.

Dies kann das erste gemeinsame Kind sein, das nachts schreit, der Umzug in eine neue Stadt, eine Krankheit oder der Verlust eines Arbeitsplatzes. Der Partner reagiert in solchen Extremsituationen oft nicht so, wie wir es uns vorgestellt haben, anders als bisher jedenfalls. Oder wir haben uns gegenseitig etwas vorgemacht. Plötzlich sind wir nicht mehr so gelassen, so cool, wie wir uns wechselseitig eingeschätzt haben. Die (Beziehungs-)Muskeln beginnen zu schmerzen und wir fragen uns, warum um Gottes Willen wir uns darauf eingelassen haben – noch dazu lebenslang. Am liebsten würden wir sofort aussteigen. Aber wir gehen weiter, angetrieben von der Ahnung, dass das Hochgefühl, das Glück, unser Ziel zu erreichen, größer sein wird als die momentane Anstrengung. Vielleicht sind wir Verheirateten besonders naiv oder aber extrem ehrgeizig, um trotz so schlechter Chancen die Ehe einer anderen Form der Langzeitbeziehung vorzuziehen. Nüchtern betrachtet erscheint der Unterschied zwischen einer Ehe und einer Lebenspartnerschaft ohne Trauschein nur gering zu sein. Es ist zunächst eine rein rechtliche Frage, aber die meisten Ehepaare bestätigen, dass sie sich nach einer Heirat noch mehr zusammengehörig fühlen als zuvor, auch wenn sich an ihrem Lebensstil sonst nichts geändert hat.

Eine Ehe einzugehen erfordert ein hohes Niveau an Verbindlichkeit, und das entspricht so gar nicht dem modernen Ideal der Flexibilität und freien individuellen Entfaltung. Es ist kein Wunder, dass sich Paare mittlerweile immer später trauen lassen. Oft wird der Wunsch nach einer festeren, rechtlichen Bindung erst dann stärker, wenn sich das erste Kind ansagt. Interessanterweise hielt sich das Heiratsalter bei deutschen Männern relativ stabil: seit etwa 1900 heiraten die meisten Männer mit Anfang 30. Das Alter der Frauen ist jedoch extrem angestiegen – so heirateten sie Anfang des 20. Jahrhunderts noch mit Anfang 20, heute erst mit 30 Jahren. Zu dem Zeitpunkt haben beide Partner oftmals ihre Ausbildung abgeschlossen und ihre berufliche Laufbahn in die Wege geleitet. Die finanzielle Unabhängigkeit bietet den meisten Partnern außerdem ein psychologisches Sicherheitsnetz, falls sie zu jener Hälfte der Ehen ohne Happy End gehören.

Manchmal denke ich, eine Eheschließung gleicht heutzutage tatsächlich einem Roulette-Spiel, bei dem wir all unsere Chips auf Rot setzen. Natürlich ist dieser Vergleich provokativ, aber gar nicht so abwegig. Neueste Partnerschaftsstudien bestätigen diese Polarisierung: Moderne Beziehungen sind heutzutage entweder eindeutig positiver, kommunikativer, gleichwertiger und liebender als noch vor einer Generation, oder aber deutlich unglücklicher, destruktiver und dementsprechend kurzlebiger als früher. Das liegt hauptsächlich daran, dass sich Partner schneller nach anderen Lebensmodellen außerhalb ihrer Ehe umsehen, wenn ihre Partnerschaft sie nicht mehr erfüllt, und das passiert leider relativ schnell. Der polnische Soziologe Zygmunt Bauman erklärt das Problem der modernen Partnerschaft anhand eines Investmentmodells: Eine Beziehung, so behauptet er, sei eine Art Investition wie jede andere auch. Wir geben Zeit, Geld und sonstige Aufwendungen, die wir auch anderweitig investieren könnten, es aber nicht getan haben, mit der Hoffnung, dass sich diese Beziehung für uns auszahlt, und zwar mit Profit. In einer Beziehung versteht Bauman das Gefühl der Sicherheit als den angestrebten Profit. Partner verhalten sich in diesem Zusammenhang wie Börsenmakler – sie bewerten regelmäßig, inwieweit die Beziehung ihnen Sicherheit »auszahlt«. Das Problem ist, dass beide unabhängig voneinander die Beziehung bewerten und auch wissen, dass sie das tun, was wiederum Unsicherheit in ihre Beziehung bringt. Keiner weiß, ob der andere Partner eines Morgens aufsteht und nach einer kurzen Analyse beschließt, dass sich die Beziehung für ihn nicht mehr rentiert. Es kommt unausweichlich zu einem Paradox, indem sich Paare in unserer modernen Gesellschaft selbst die Chance nehmen, wirklich zu lieben und geliebt zu werden. Männer und Frauen fühlen sich heutzutage austauschbar. Sie sehnen sich nach Verbundenheit, wünschen sich sehr, mit jemandem in Beziehung zu treten, und haben doch Angst vor einer wirklichen Beziehung, weil diese sie wiederum einschränken und ihnen ihre Freiheit nehmen könnte.

Es ist verblüffend, dass sich manche Paare vor dem Eheversprechen oftmals mehr scheuen als vor einer lebenslangen Bindung an den Partner – einer Bindung, die sie mit einem Kind de facto schaffen. Denn ein Kind ist ein neues Lebewesen, um das sie sich bis zu ihrem Tod immer auch gemeinsam kümmern müssen. Außer der offensichtlichen, gesetzlichen Bindung an einen Partner hat die Ehe heutzutage auf den ersten Blick keine eindeutige Funktion mehr. Bis auf die einen oder anderen Steuerprivilegien können wir alle ehemaligen Bonuspunkte der Ehe, wie zum Beispiel das gemeinsame Wohnen oder die Familiengründung, mittlerweile auch ohne Heirat genießen. Früher war für beides die Ehe, gesellschaftlich gesehen, Voraussetzung. Wer ohne Trauschein zusammenlebte, wich deutlich vom gesellschaftlichen Konsens und allen Konventionen ab. Jeder von uns kennt bestimmt ein Paar, das ausschließlich aufgrund der Steuervorteile den Bund fürs Leben geschlossen hat. Kann dies wirklich den Grundstein für eine Ehe legen?

Ich habe eine Vermutung, warum sich Partner heutzutage dafür entscheiden, Eltern zu werden, aber gegen eine verbindliche Ehegemeinschaft. Und das, obwohl die Ehe ihnen eigentlich mehr emotionale Sicherheit geben könnte, während sie ihre Kinder großziehen. Vielleicht wissen Partner unbewusst, dass die Liebe zu ihren Kindern bedingungslos geschieht, die Liebe zueinander jedoch nicht. Deshalb trauen sie sich Eltern zu werden; denn Kinder werden sich ihrer Liebe nie erwehren, da die Eltern für sie einmalig und keinesfalls austauschbar sind. Wir sehnen uns heute also sehr wohl nach dauerhafter Liebe, aber unserem Partner (oder uns selbst) trauen wir sie nicht mehr zu.

2

Die Ehe ist kein Wunschkonzert

Die Verliebten, die sich heutzutage doch für die Ehe entscheiden, erhoffen sich davon das komplette Paket: Romantik, sexuelle Befriedigung, Freundschaft und genügend Raum innerhalb der Beziehung zur individuellen Entfaltung. Auch Singles haben genaue Vorstellungen, wie ihr Wunschpartner sein soll.

Eine 23-Jährige sucht beispielsweise per Partnerschaftsannonce einen jungen Mann, »der klug und ein perfekter Gentleman ist; jemanden, den ich meinen Eltern vorstellen kann, der mich glücklich macht und mich absolut verwöhnen will. Ich will einen Mann mit Auto und Arbeitsplatz, und außerdem soll er noch gerne mit mir in die Kirche und zum Shopping gehen wollen!« Viel Glück!

Im Vergleich dazu frage ich Elisabeth, eine 90-jährige, agile Frau, die 63 Jahre mit ihrem Mann verheiratet war, bevor er 2005 verstarb. An der Haustür ihrer kleinen Doppelhaushälfte hängt ein großes Schild, auf dem steht: »Ich bin jetzt schon gegen den nächsten Krieg!« Ich bin gespannt, was mir diese Pazifistin zur Partnerwahl zu sagen hat. Ich erhoffe mir eine romantische Liebesgeschichte, die Elisabeth und ihren Mann durch ihre lange Ehe getragen hat. Stattdessen erzählt sie mir nüchtern: »Ich kannte meinen Mann eigentlich kaum, als wir heirateten, er ist mir davor gar nicht richtig aufgefallen. Er hatte mich zum Tanzen eingeladen, und weil ich nichts Besseres zu tun hatte, habe ich zugesagt. Als er mich abholte, konnte ich mich gar nicht mehr so richtig daran erinnern, wie er aussah, so unauffällig war er. Als dann Pearl Harbor 1941 bombardiert wurde, suchten wir alle nach einem Gefühl von Sicherheit. Ich war gerade im richtigen Alter, also haben wir geheiratet. Dann habe ich den Rest unserer Ehe damit verbracht herauszufinden, wen ich eigentlich geheiratet hatte und warum wir so sind, wie wir sind. Für mich war die Ehe aber etwas Heiliges, also habe ich nicht groß darüber nachgedacht, ob es einen anderen gegeben hätte, der besser zu mir gepasst hätte. Mein Mann hatte diesbezüglich die gleiche Einstellung.«

Solchen Pragmatismus findet man heute kaum noch. Ich kenne nur ein modernes Paar, das sich ähnlich praktisch zur Ehe entschlossen hat. Beide Partner hatten sich an einer renommierten Universität kennengelernt und gaben sich das Versprechen, den anderen zu heiraten, falls keiner von ihnen bis zu seinem 30. Geburtstag anderweitig liiert sein würde. Sie haben ihr Versprechen tatsächlich gehalten und sind heute glücklich verheiratet. Sie sind Eltern von drei Kindern und passen mit ihrer künstlerisch-intellektuellen Art wunderbar zusammen.

Die meisten von uns fänden solche praktischen Partnerschaften allerdings zu unromantisch. Wir wollen doch die Liebe unseres Lebens finden und zwar am besten auf den ersten Blick! Ähnlich wie die junge Frau in der Zeitungsannonce haben wir oft konkrete Vorstellungen, was unser Partner in die Beziehung einbringen sollte und was wir zu unserem Glück brauchen.

Es ist kein Wunder, dass unsere Erwartungen an einen Lebenspartner heutzutage sehr hoch sind. Im täglichen Leben wird uns suggeriert, wir könnten alles haben, was wir wollen: top Job, top Auto, top Partner (mittlerweile oft auch in dieser

Reihenfolge). Wir haben das Gefühl, dass wir uns selbst betrügen, wenn wir einen Kompromiss eingehen. Also suchen wir den idealen Partner und – als Sicherheitsnetz – den idealen Job. Aber irgendwo müssen wir Abstriche machen – wenn nicht beim Partner, dann häufig bei unserer professionellen Laufbahn oder später in unserem Familienleben.

Gerade als Frau reagieren wir besonders feinfühlig darauf, wenn es den Anschein hat, wir müssten die hart erfochtenen Privilegien unserer Frauengeneration einschränken. Wir haben Angst, von anderen erneut in die traditionelle Schublade gesteckt zu werden, wenn wir uns »nur« für die Mutterrolle entscheiden, uns hauptsächlich um Kinder und Haushalt kümmern. Oft muss man ja heutzutage fast ein Schuldgefühl haben, wenn man sich als Vollzeitmutter pudelwohl fühlt. Trotzdem ist es zugegebenermaßen manchmal schwierig, sich als Gewinnerin der Emanzipationsbewegung zu fühlen, wenn man nachmittags die Kinder als heimischer Taxiservice von A nach B kutschiert, dazwischen noch das Essen im Schnelldurchlauf produziert, abends todmüde ins Bett fällt, um am nächsten Morgen das gleiche Programm wieder von vorne zu starten. Trotzdem ist es für eine schwindende Anzahl von Müttern immer noch die erfüllendste Rolle in ihrem Leben, wenn auch eine riskante. Dank dem Scheidungsrecht können sich Frauen eigentlich nicht mehr den Luxus einer Vollzeitmutter-Rolle leisten; denn im Falle einer Trennung ist die finanzielle Absicherung durch eine eigene Arbeitsstelle fast zwingend.

Deshalb verfolgen viele junge Frauen heute einen ähnlichen Lebensweg wie ihre männlichen Partner – damit keiner zurücksteht, damit beide Egos unabhängig voneinander intakt bleiben, damit jeder das gleiche Rentenkonto hat, damit sich beide gleichwertig fühlen, damit genügend Geld ins Haus kommt, um den erwünschten Lebensstandard zu finanzieren. Beide sollen die gleichen Abstriche machen müssen, die das Familien- und Arbeitsleben mit sich bringen. Beide wollen für den Fall, dass die Beziehung nicht auf Dauer hält, emotional und finanziell abgesichert sein.

Trotzdem wünscht sich auch die Mehrheit dieser Generation ein Haus mit Garten, eine Familie und eine Schulter zum Anlehnen. Frauen wollen sich auch heute noch beim Partner geborgen fühlen und von ihm gesagt bekommen, dass er besonders die Lachfalten um ihre Augen wunderschön findet.

Eine Bekannte bestätigte dieses Bild. Sie hatte mit Anfang dreißig ihre Karriere aalglatt in die richtigen Wege geleitet. Nach ihrem Jurastudium an einer der gefragtesten amerikanischen Universitäten lebt sie jetzt in New York City und arbeitet als Juristin. Eigentlich, gab sie zu, hätte sie lieber eine Familie und würde auf dem Land leben. Selbst die Feministin Gloria Steinem, die mit provokanten Sprüchen wie »Eine Frau ohne Mann ist wie ein Fisch ohne Fahrrad« berühmt wurde, musste nach ihrer Hochzeit mit 66 Jahren feststellen, dass sie »glücklich und überrascht« ist.

Ja, die meisten von uns wollen sich gerne irgendwann binden, einen festen Partner haben, zu jemandem heimkommen und sich fallen lassen können – aber nur solange wir das Gefühl haben, wir hätten uns den bestmöglichen Partner geangelt, denn sonst geht die Suche weiter. Anders als die 90-jährige Elisabeth prüfen wir durchaus, inwieweit unser Partner unseren Vorstellungen entspricht. Wir wollen umworben werden und das Gefühl haben, von unserem Partner auserwählt worden zu sein. Die Partnerschaftswahl erinnert in gewissem Grad an den Schulsport: Es mussten jeweils zwei Teams gebildet werden und zwei Teamführer riefen abwechselnd die Namen der

Schüler aus, die sie in ihrem Team haben wollten. Keiner will derjenige sein, der am Schluss noch auf der Bank sitzt und notgedrungen einem Team zugeteilt wird. Genauso ist es im Partnerschaftsmarkt – wir wollen gewollt werden, mehr als unsere Mitstreiter. Wir wollen, dass uns jemand trotz unserer Schwächen haben will, als Gesamtpaket und für immer. Der französische Dichter Victor Hugo sagt es schöner: »Das größte Glück im Leben ist die Überzeugung, dass wir geliebt werden; geliebt, weil wir so sind wie wir sind, oder besser gesagt, obwohl wir so sind wie wir sind.«

Auch Junggesellen (von berühmten Ausnahmen mal abgesehen) sind es irgendwann leid, die Anfangsstadien einer Beziehung ständig zu wiederholen – vergleichbar mit einer Schallplatte, die hängengeblieben ist. Schließlich will man nicht erst sein Leben leben und danach jemanden treffen, sondern sein Leben mit jemandem teilen. Die schönsten Augenblicke im Leben werden ja erst dann wirklich eindrucksvoll, wenn wir sie mit jemandem zusammen erleben und uns später immer wieder gemeinsam daran erinnern können.

Die Sehnsucht nach Verbundenheit hat sich unabhängig von Generationen oder gesellschaftlichem Status nicht wirklich geändert. Der Unterschied zwischen früher und heute ist, dass die Frauen mittlerweile freie Wahlmöglichkeiten haben, mit wem und unter welchen Voraussetzungen sie diese Verbundenheit leben wollen. Seitdem Frauen und Männer die gleichen Privilegien genießen, werden Affären, Handgreiflichkeiten oder anderweitig respektloses Verhalten nicht einfach unter den Teppich gekehrt, sondern führen schneller zum Ende einer Beziehung. In zwei Drittel der Fälle wird die Scheidung heutzutage durch die Frau eingeleitet. Ist die Partnerin also nicht mehr mit ihrer Beziehung zufrieden, muss sie diese nicht wie ihre

Vorfahren aushalten, sondern kann einfach den Schlussstrich ziehen. Die Psychotherapeutin Lysle Betts rät deshalb jungen Frauen heute, entweder einen Beruf zu ergreifen, mit dem sie sich ihren erwünschten Lebensstil selbst finanzieren können, oder aber mit dem Bewusstsein zu leben, dass sie auch mit einem einfacheren Lebensstil glücklich sein könnten. »Denn sonst«, sagt sie, »sind Frauen in ihren Beziehungen gefangen.«

Diese Entwicklung zur weiblichen Selbstständigkeit und finanziellen Unabhängigkeit ist eine der größten Errungenschaften unserer Zeit. Sie ist aus der Not entstanden, über zahlreiche Generationen hinweg an Männer gebunden und unfairem Verhalten ausgeliefert zu sein. Selbständigkeit heißt auch Freiheit – Partner können in einer Beziehung miteinander leben, weil sie es beide tatsächlich wollen. Das Schlagwort ist also Freiwilligkeit! Diese Entwicklung spiegelt sich auch positiv in der Qualität der heutigen Ehen wieder. Eine solide Schulausbildung und ein Beruf geben einer Frau nicht nur eine finanzielle Absicherung, sondern auch Selbstbewusstsein und eine eigene Identität außerhalb der Partnerschaft. Berufstätige Frauen stellen überwiegend fest, dass sie sowohl innerhalb der Gesellschaft als auch zu Hause von ihrem Partner mehr Respekt erfahren. Vielleicht beruht dieser Eindruck jedoch nur auf der Tatsache, dass sie sich selbst mehr schätzen, wenn sie einem Beruf nachgehen. Und wer sich selbst mehr schätzt, sucht sich wiederum einen Partner, der einen respektvoll behandelt. Dabei liegt es also nicht wirklich an der Berufstätigkeit, sondern an unserem Selbstwertgefühl. Wenn später Kinder ins Spiel kommen, ringen viele Frauen mit ihrem Selbstbewusstsein und empfinden es durchaus als schwierig, sich eine neue Identität aufzubauen, die nicht auf ihrem Einkommen oder ihrer Jobposition basiert.

Wir suchen uns also – bewusst oder unbewusst – einen Partner, der ein ähnliches Selbstwertgefühl hat wie wir. Je gefestigter unser eigenes Ego ist, desto besser können wir einen Partner mit einem ähnlich gesunden Selbstwertgefühl finden. Leider sind Schwächen oft so gut verpackt, dass wir sie auf Anhieb beim anderen nicht erkennen und wir geben unsere eigenen auch nur ungern preis. Dass wir uns damit aber in der Realität selbst in die Quere kommen, zeigt folgendes Beispiel:

Ein erfolgreicher Manager versteckt vielleicht seine Angst, Schwäche zu zeigen, in seinem dominanten, kritisierenden Auftreten. Seine attraktive Freundin kann mit aufreizender Kleidung ihre Angst, als Person nicht interessant genug zu sein, kaschieren. Nach außen hin bilden sie ein beeindruckendes Paar – erfolgreich und schön. Tatsächlich sind die beiden aber durch ein ähnliches Selbstwertgefühl und die gleiche Angst, nicht genug geliebt zu werden, verbunden. Auch wenn es beide nicht wissen – sie sind in diesem Punkt seelenverwandt und sich zutiefst nahe. Nach außen wirkt es allerdings so, als hätten beide unzählige Möglichkeiten, andere Partner an Land zu ziehen. Wenn dieses Paar realisieren würde, dass sie nicht die oberflächliche Anziehung, Erfolg und Schönheit zusammenhält, sondern ihre versteckten Schwachstellen, dann könnten sie eine tiefe Beziehung eingehen. Das passiert aber in den seltensten Fällen. Meistens glauben beide, dass sich der Partner in jedem Moment für jemand Neues entscheiden könnte, also will keiner seine Schwäche zeigen. Das führt wiederum dazu, dass sie sich selbst auswechselbar gemacht haben – denn erfolgreiche Manager und attraktive Frauen gibt es viele. Hätten sich die beiden ihre Schwächen gegenseitig eingestanden und sich dem anderen geöffnet, wären sie füreinander einzigartig und unersetzlich geworden.

Schwäche zulassen kann auch unser Selbstwertgefühl stärken. Wer sich seinen Schwachpunkten stellt, braucht sie nicht zu verstecken und kann sich einen ähnlich aufgeschlossenen Partner suchen, dem er sich zutiefst verbunden fühlt. Und trotzdem schleicht sich auch in die besten Partnerschaften immer wieder die Frage ein, ob wir den richtigen Partner und den richtigen Lebensweg gewählt haben. Wenn unsere Partnerschaft beispielsweise einen müden Punkt erreicht hat, das Alltagsleben unsere Leidenschaft geraubt und die Romantik nachgelassen hat, ist der Gedanke an eine spannendere Alternative nicht weit. Das Beziehungs-Wunschkonzert entpuppt sich als weniger aufregend, als wir es uns erträumt hatten und wir fragen uns, ob wir womöglich die falsche Wahl getroffen haben.

Der Philosoph Odo Marquard bringt in diesem Zusammenhang unser gesellschaftliches Problem auf den Punkt: Wo es zwei gibt, gibt es automatisch Zweifel. Und je mehr Möglichkeiten sich uns bieten, desto häufiger sind auch die Zweifel. Ob wir einen einheimischen, auswärtigen oder ausländischen Partner wählen, ob wir in die beruflichen Fußstapfen der Eltern treten oder uns unseren künstlerischen Traum erfüllen, ob wir keine Kinder oder fünf haben – jeder Schritt steht heutzutage zur Debatte und somit ist die Chance, scheinbar falsche Entscheidungen zu treffen, viel größer als früher.

Es ist natürlich ein Irrglaube, das anfängliche, sorgenfreie und euphorische Beisammensein dauerhaft beibehalten zu können. Der Schriftsteller und Nobelpreisträger George Bernard Shaw schrieb Anfang des 20. Jahrhunderts diesbezüglich: Die Ehe sei eine Institution, die zwei Personen »unter Einfluss der heftigsten, irrsinnigsten, täuschendsten, vergänglichsten aller Leidenschaften zusammenführt. Sie müssen sich schwören, dass sie in diesem aufregenden, anormalen und kraftraubenden Zustand bleiben, bis der Tod sie scheidet.« Das hört sich tatsächlich anstrengend und nicht wirklich erstrebenswert an. Es ist also nicht wirklich überraschend, dass das Wunschkonzert unsere Erwartungen nicht dauerhaft erfüllen kann. Das liegt allerdings weniger an seinem Programm, sondern an unseren überhöhten Vorstellungen.

Kaum einer beginnt heutzutage seine Ehe mit der naiven Annahme, mit dem Partner einen endlosen Freudentaumel zu erleben. Wir alle haben schon Scheidungen in unserem Umkreis beobachtet, Trennungen am eigenen Leib erlebt und oftmals schon Jahre vor unserer Ehe zusammengewohnt. Trotzdem sind die Erwartungen an den Partner und die Partnerschaft in den letzten 50 Jahren stetig gestiegen. Er sollte im Haushalt mithelfen, ein präsenter Vater sein, sein Äußeres pflegen und über seine Gefühle sprechen können. Sie sollte neben der Mutterrolle weiterhin eine attraktive Liebhaberin sein, die idealerweise noch etwas zum Familieneinkommen beisteuert. Sie sollen sich Freunde sein, Liebespartner und Psychotherapeuten in einem. Je mehr partnerschaftliches Glück wir uns allerdings erhoffen, je höher also unsere Erwartungen geschraubt sind, desto schneller kritisieren wir unsere Beziehung, wenn sie uns nicht mehr erfüllt, uns nichts mehr »gibt«. Es stellt sich die Frage, ob es uns schlichtweg zu gut geht, um wirklich glücklich zu sein. Viele Menschen, die in Hilfsprojekten in Dritte-Welt-Ländern beschäftigt waren, betonen immer wieder, wie glücklich manche Völker trotz der akuten Armut sind. Glück und Erwartungen an das Leben stehen also direkt miteinander in Verbindung. Das Autorenteam Manel Baucells und Rakesh Sarin entwickelte – typisch Mann – folgende mathematische Formel, um die Dynamik zwischen Glück und Erwartungshaltung zu veranschaulichen:

Glück = Realität – Erwartungen

Da wir an unserer Realität nichts ändern können, ist also unsere Erwartungshaltung die einzige Variable, um unseren Glückszustand zu verbessern. Ganz einfach: Je größer die Erwartungen, desto weniger Glück empfinden wir. Sind die Anforderungen an den Partner dagegen geringer, ist die Partnerschaft erfüllender; denn es gibt weniger zu erfüllen oder besser gesagt weniger Erwartungen, denen der Partner nicht gerecht wird.

Meine Bekannte Marie erzählte mir in diesem Zusammenhang von der Krebsdiagnose ihres Mannes zu Beginn ihrer Ehe. Sie waren zu dem Zeitpunkt beide als Mediziner voll beschäftigt und erwarteten ihr erstes Kind. Die Diagnose kam vollkommen überraschend. Marie sagt aber heute, sie sei im Nachhinein dankbar, da beide ihr Leben daraufhin komplett umgekrempelt hätten, um sich auf die Dinge zu besinnen, die wirklich wichtig sind: eine glückliche, entspannte Paarbeziehung und die Möglichkeit, zusammen zu reisen. Maries Mann machte sich nach erfolgreicher Krebstherapie in einem anderen Berufsfeld selbstständig, in dem er seinen Tag frei einteilen kann; Marie arbeitet nur Teilzeit. Sie sind zwar nicht zu dem angesehenen Ärztepaar geworden, das sie sich in jungen Jahren erträumt hatten, aber zu einem glücklichen Ehepaar, das seit fast 30 Jahren verheiratet ist. »Ich habe damals gelernt, dass ich eigentlich nur wollte, dass mein Mann gesund ist. Ich lebe viel lieber mit all seinen Macken als ganz ohne ihn! In Stresszeiten können wir uns immer wieder daran erinnern, dass wir Glück haben, überhaupt zusammen zu sein.«

Die meisten von uns erleben allerdings keine solchen Grenzsituationen. Wir tragen weiterhin ein überhöhtes Idealbild in uns, an dem wir unseren Partner regelmäßig messen. Manche schließen mit ihrer Partnerwahl nie wirklich Frieden und sind kontinuierlich auf der Ausschau nach einem besseren »Modell«. Wenn Mann und Frau noch dazu finanziell unabhängig voneinander sind, ist der Weg zur Trennung nicht mehr weit.

Paradoxerweise ist es also gerade die Unabhängigkeit zwischen Mann und Frau in der modernen Ehe, die einerseits zwar ein verbessertes, gleichwertiges Beziehungsklima schafft, gleichzeitig allerdings auch weniger Durchhaltevermögen in der Partnerschaft einfordert. Viele Ehen, die heute geschieden werden, galten nach früheren Maßstäben als absolut akzeptabel.

Trotzdem können wir nicht mehr zurück: Sowohl Männer als auch Frauen wünschen sich heute gegenseitige Unterstützung, Respekt, Treue und Ehrlichkeit. Wir sind mittlerweile flexibler in Bezug darauf, wie genau jede einzelne Ehe auszusehen hat, aber gleichzeitig auch standfester, wenn es darum geht, welches Verhalten wir innerhalb unserer Partnerschaft nicht mehr dulden. Ob also Mann oder Frau zum Kochlöffel oder Rasenmäher greift, ist uns mittlerweile nicht mehr besonders wichtig, wohl aber, ob unser Partner treu ist und die Elternrolle mit übernehmen will. Die immer präsente Möglichkeit, eine Beziehung zu beenden, kann auch ein Antriebsmittel sein, um die Partnerschaft kontinuierlich zu verbessern. Mehr Gleichwertigkeit zwischen den Partnern kann sich somit auch als Stabilisierungsfaktor entpuppen.

Obwohl die Scheidungsrate bei knapp 50 Prozent liegt, gibt es aber auch einen positiven Aspekt. Zwar trennen wir uns heute schneller und häufiger als vor 75 Jahren, jedoch wollen immerhin 50 Prozent der Ehepartner freiwillig zusammenbleiben und sind trotz höherer Ansprüche und vieler Überraschungen, die eine Ehe mit sich bringt, glücklicher als früher. Obwohl sich unsere Partnerschaft also vielleicht nicht als die Art von Wunschkonzert entpuppt hat, die wir ursprünglich erwartet haben, sind wir damit trotzdem vollkommen zufrieden. Das sind doch schon mal gute Neuigkeiten.

3

Von der Überlebensstrategie zur Selbstverwirklichung

Seit den 70er Jahren ist die Scheidungsrate zwar etwas zurückgegangen, aber die Heiratsrate sank noch wesentlich schneller. Immer mehr Paare entscheiden sich für langzeitliche Beziehungen ohne Hochzeit. Die Ehe scheint also »out« zu sein! Vielleicht machen sich die Partner erstmals wirklich Gedanken über die Bedeutung des Eheversprechens und wollen nichts schwören, was sie nicht sicher halten können. Das wäre ja tendenziell eine positive Entwicklung, weil es bedeuten würde, dass Paare gewissenhafter mit ihren Absichten umgehen und zu ihren Worten stehen wollen. Vielleicht ist ihnen aber die Institution der Ehe auch einfach zu eng und sie wollen sich das Hintertürchen lieber offen lassen, falls die Partnerschaft doch nicht funktioniert. Vielleicht haben sie Angst, dass eine Heirat Mann und Frau in traditionelle Rollenmuster pressen würde und sie somit ihre Gleichberechtigung aufgeben müssten.

Die Tatsache, dass wir uns überhaupt nach alternativen Lebensmodellen zur Ehe umsehen können, ist ein relativ neues Phänomen. Eine Partnerschaft, die auf gegenseitiger Liebe basiert, ist moderner Luxus.

Ich erinnere mich noch gut an die Geschichte meiner Großeltern. Meine Großmutter hatte meinen Großvater nur drei Mal getroffen und fand ihn lediglich sympathisch, bevor sie einwilligte, ihn zu heiraten. Keine lange Liebesgeschichte, kein Diamantring und natürlich kein Zusammenleben vor der Hochzeit! Nicht einmal ein weißes Kleid, sondern pechschwarz, denn meine Oma war nach dem Tod beider Eltern noch im Trauerjahr. Für moderne Bräute wäre das von Anfang bis Ende ein absolutes Desaster. Man darf aber nicht übersehen, dass eine Heirat zur damaligen Zeit, zwischen dem Ersten und Zweiten Weltkrieg, die einzige Chance für meine Großmutter war, ihr Elternhaus zu verlassen und einen eigenen Haushalt aufzubauen. Außerdem hatte mein Großvater damals ein Geschäft in München, weit weg von ihrer rheinischen Heimat, was meine Großmutter mit ihrer Neugier und Entdeckerlust sicherlich aufregend fand. Die leidenschaftliche Liebe, nach der wir heutzutage streben, hat sie womöglich nie kennengelernt, wohl aber eine gereifte Liebe, den Respekt füreinander und die Dankbarkeit dafür, einen loyalen Lebenspartner an ihrer Seite zu haben.

Mit ihrer (Liebes-)Geschichte war meine Oma nicht allein. Die Historikerin Stephanie Coontz hat den verschiedenen Beweggründen für eine Eheschließung ein ganzes Buch gewidmet: »Marriage, a History« (»Ehe, eine Geschichte«). Sie erläutert darin, dass das Wort »Liebe« beispielsweise in der chinesischen Sprache ausschließlich dafür verwendet wurde, verbotene Beziehungen zu beschreiben, nicht aber die Gefühle zwischen Ehemann und Ehefrau. Erst um 1920 wurde dann notgedrungen ein eigenes Wort erfunden, um die immer häufiger auftretende Liebe zwischen Ehepartnern zu benennen. Der königliche Hofkaplan Andreas Capellanus aus Frankreich wies im frühen Mittelalter noch darauf hin, dass »Ehe kein Einwand gegen Liebe [außerhalb der Ehe] darstelle«. In seinem Buch »De amore« (»Von der Liebe«) lässt er die Hofdame Ermengarde von Narbonne klarstellen, dass »eheliche Zuneigung und die wahre Liebe zwischen Liebhabern grundverschiedene Dinge und von unterschiedlichem Ursprung sind«. Liebe und Ehe waren unabhängig voneinander zu verstehen und oft nicht vereinbar.

Wenn heute zwei Menschen aus Liebe zueinanderfinden, um den Bund fürs Leben zu schließen, ist das historisch gesehen absolutes Neuland. Bei genauerer Betrachtung fällt außerdem auf, dass es auch die sogenannte traditionelle Ehe, in der der Mann den Unterhalt verdient, während sich die Frau um die Kinder kümmert, erst seit wenigen Jahrzehnten gibt – und jetzt ist diese Eheversion auch schon wieder »out«.

Die Vorstellung von der Ehe hat sich so oft gewandelt, dass es für Anthropologen, Soziologen und Historiker lange Zeit nahezu unmöglich war, überhaupt zu benennen, was eine Ehe tatsächlich ausmacht. Ungeschickt versuchte man jahrelang zu definieren, dass eine Eheschließung Eigentum und Fortpflanzung zwischen einem Mann und einer Frau regelt. In vielen Kulturen entsprechen Ehen dieser Begriffsbestimmung jedoch nicht. Bei den Aborigines aus dem australischen Buschland gilt laut New World Encyclopedia folgendes Ehemodell als das Nonplusultra: zwei Männer aus zwei unterschiedlichen Gruppen sollten im Idealfall die Schwester des anderen heiraten. Damit gewährleisten sie ein gleiches Machtverhältnis zwischen den Gruppen. Würde der eine Partner seine Frau misshandeln, könnte deren Bruder die Schwester des anderen misshandeln. In diesem Fall geht es also nicht so sehr um Besitztümer, Fortpflanzung oder Liebe, sondern um Balance innerhalb des Stammes.

Ganz unromantisch kam man schließlich zu der Erkenntnis, dass der einzige gemeinsame Nenner aller Ehen dieser Welt die Verknüpfung zweier Familien in einer Art Liaison ist und deshalb mit der Liebe zwischen den beiden Ehepartnern nichts zu tun hat.

In höheren Kreisen dienten Hochzeiten hauptsächlich politischen Zwecken, um unter anderem Besitztümer zu vergrößern oder Friedensverträge auszuhandeln. Napoleon war beispielsweise dafür bekannt, seine weiblichen Verwandten aus strategischen Gründen unter seinen bevorzugten Offizieren zu verteilen.

Für das niedere Volk dagegen war eine Eheschließung notwendige Überlebensstrategie. Die Arbeit am Hof oder im Haus konnte schlichtweg nicht von einer Person allein erledigt werden. Die Partnerin war somit der wichtigste »Mitarbeiter«, den sich ein junger Mann auszusuchen hatte. Eine Schönheitskönigin wäre damals also nicht so hoch geschätzt worden wie eine starke Hand zum Anpacken.

Die unteren Gesellschaftsschichten im Mittelalter durften sich sogar den Luxus leisten, ihre Ehepartner aus Liebe zu wählen. Trotzdem, so erklärt es Stephanie Coontz, wussten die Menschen damals, dass »die Eheschließung die wichtigste Karriereentscheidung war, die sie jemals zu treffen hatten«. Sich dabei nur auf Liebe zu verlassen, wäre fatal gewesen. Erst ab dem 15. Jahrhundert wurde Harmonie in der Ehe propagiert, die jedoch mehr auf Freundschaft basierte und nicht notwendigerweise auf Liebe oder etwa Leidenschaft. Da ein gutes Zusammenspiel der Ehepartner wichtig war, um die gemeinsame Arbeit effektiv zu erledigen, war der Wunsch nach Harmonie innerhalb einer Ehe also eher von praktischer als von romantischer Natur.

Die »traditionelle« Vater-Mutter-Kind-Familie, wie wir sie alle im Kindergarten mit unseren Freunden gespielt haben, taucht erstaunlicherweise erst Ende des 19. Jahrhunderts in den Geschichtsbüchern auf: ein Mann und eine Frau verlieben sich ineinander, heiraten; der Mann verdient den Unterhalt, während die Frau die Kinder großzieht. Diese klare Rollenaufteilung hat sich in der Zeit der Weltkriege deutlich verändert – plötzlich arbeiten Frauen wieder außerhalb des Hauses, während ihre Männer an der Front kämpfen. In den 50er Jahren lebten wir kurzzeitig wieder das »traditionelle« Eheschema, aber schon in den 60ern und 70ern bröckelte die scheinbar idyllische Familienfassade – den Hausfrauen wurde ihre Position schlichtweg zu langweilig. Vor den Weltkriegen war die Frau zwar auch zu Hause, hatte aber eine wichtige Rolle bei der Betreibung von Hof oder Gewerbe. Nach den Kriegen galt es bei den Männern als Statussymbol, wenn die Frau zu Hause bei den Kindern bleiben konnte – vielleicht um ihr männliches Ego wieder aufzubauen. Die Erfindung von Staubsauger, Waschmaschine und Co sollte die Hausarbeit vereinfachen. Den Frauen und Müttern wurde ihre Stellung innerhalb der Familie aber dennoch sehr schnell zu einseitig. Frauen-, Hippie- und Friedensbewegungen sprengten die strammen Ideale der Nachkriegszeit.

Die Einführung der Pille ermöglichte dieser Generation von Frauen zum ersten Mal die Wahl, ob und wann sie Mutter werden wollten. Plötzlich konnten Frauen ihre Sexualität nicht nur von der Möglichkeit einer Schwangerschaft trennen, sondern auch von ihrer Beziehung. Sie konnten Partner »testen«, sich in unterschiedlichen Partnerschaften frei entfalten und sich dabei selbst kennenlernen und den Zeitpunkt der Familiengründung hinter ihre Ausbildung verschieben. Töchter schworen sich, ihre Talente und Freiheiten in vollen Zügen auszuleben, um nicht wie ihre Mütter ihre unerfüllten Träume und Ambitionen begraben zu müssen. Gleichzeitig machte man sich auf die Suche nach wahrer Liebe und Selbstverwirklichung. Damit begann aber auch der dramatische Anstieg der Scheidungsrate und der immerwährende, nostalgische Vergleich der modernen mit der traditionellen Ehe, die niemals wirklich Standard war.

Wer hätte das gedacht? Die Institution der Ehe hat also so viele verschiedene Gesichter, dass der einzige gemeinsame Nenner der Zugewinn von Schwiegereltern ist. Aber genau diese versuchen wir doch allzu gern in unserer Ehe zu ignorieren! Und die traditionelle Ehe, die immer als Nonplusultra aller Beziehungen hochgehalten wird, gab es historisch gesehen kaum. Eine Einheitsehe gibt es also nicht und hat es auch nie wirklich gegeben! Die Ehe ist ein Zusammenschluss zweier Individuen und nur für diese zwei Menschen muss ihre Beziehung stimmen. Statt den guten alten Zeiten nachzuweinen, die es nie wirklich gab, dürfen wir heute ungeniert den Luxus leben, unsere Partnerschaft auf unsere individuellen Bedürfnisse zuzuschneiden.

Ich schaue mich in meiner Nachbarschaft um und sehe diese bunte Vielfalt repräsentiert: Claudia und ihr Mann Michael sind beide Anwälte, doch weil Claudias Arbeitsstelle den besseren Verdienst bietet, bleibt Michael mit den beiden gemeinsamen Töchtern zu Hause. Trotz seiner männlichen, sportlichen Art erzieht er die Töchter absolut liebevoll und gewissenhaft. Obwohl er die »weiblichen« Familienaufgaben erledigt, ist er innerhalb der Beziehung ganz Mann geblieben und Claudia ganz Frau.

Schräg gegenüber wohnen Markus und Maria mit ihren zwei Töchtern. Markus kümmert sich um die Töchter, während Maria an ihrer Forschungsarbeit schreibt. Sie sagt von sich, dass sie die weniger fürsorgliche Person in ihrer Ehe sei, während Markus mit seiner ausgeglichenen, feinfühligen Art seinen Töchtern ein gutmütiger Vater ist. Maria lebt den Mädchen vor, dass Familienaufgaben nicht nach Geschlecht, sondern nach Charakterzügen aufzuteilen sind. Trotzdem genießt auch Maria, ihren Töchtern verschiedene Handarbeiten beizubringen. Markus und Michael setzen sich häufig auf ein Glas Bier in den Garten und schauen ihren Töchtern beim Spielen zu oder gehen am Wochenende gemeinsam zum Sport.

Ein paar Häuser weiter wohnen David und Karin mit ihren zwei Kindern. Sowohl David als auch Karin haben durchgehend gearbeitet, aber mit der Ankunft ihres ersten Kindes zwei flexiblere, wenn auch schlechter bezahlte Arbeitsstellen angenommen, die es ihnen ermöglichten, gleichermaßen ihrer Elternrolle nachzukommen.

Mike und ich leben eher nach dem traditionellen Familienmodell: Ich kümmere mich hauptsächlich um unsere drei Kinder, Haushalt und Garten, während Mike den Unterhalt verdient. Ich liebe die Flexibilität und Vielseitigkeit, die mir mein Lebensstil bietet und zudem das Gefühl, am Leben unserer Kinder intensiv teilzuhaben. Mike arbeitet in einem separaten Büro auf unserem Grundstück. Er ist ebenfalls ein fester Teil unseres Familienlebens, da er mit unserem Sohn täglich nach der Schule eine Runde Tischtennis spielt, bei den Mahlzeiten anwesend ist und den Kindern abends ein Buch vorlesen kann.

Den Luxus solcher maßgeschneiderter Ehen hatte meine Großmutter nicht. Dafür musste sie sich aber auch keine Sorgen darüber machen, dass die Leidenschaft einschlafen oder die stürmische Liebe abflauen könnte, dass ihre körperliche Attraktivität abnehmen und sie nicht mehr interessant genug für meinen Großvater sein könnte, dass sie sich mit ihrer Mutterschaft in eine finanzielle Abhängigkeit von ihm begeben könnte,

die sie später womöglich als alleinstehende Mutter ohne Berufstätigkeit teuer zu stehen kommen könnte. Sie hatten sich ein
Eheversprechen gegeben, auf das sich beide im Laufe ihrer Ehe
stützen konnten.

In gewisser Weise haben meine Großeltern schon mit der
Form der Liebe angefangen, nach der wir uns heute sehnen: die
loyale Verbundenheit, die dem Partner die Gewissheit schenkt,
immer da zu sein, auch dann noch, wenn die Haare ergrauen
und sich auf der Stirn die ersten Falten bilden.

Aber heutzutage wollen wir mehr: Leidenschaft, Freundschaft,
Seelenverwandtschaft. Wir wollen Innigkeit und tiefstes Vertrauen von Anfang an; denn die Idee, sich ein Versprechen zu
geben und noch nicht zu wissen, ob wir wirklich in jeder Hinsicht zusammenpassen, scheint zu riskant. Wir wollen unseren
Partner zunächst auf Tauglichkeit testen, denn wir haben zu oft
miterlebt, wie schnell ein Versprechen gebrochen werden kann.

Wir wollen uns auch nicht darauf verlassen, dass sich Leidenschaft vielleicht erst innerhalb der Ehe entfalten wird – wir
wollen gleich von Anfang an wissen, auf was wir uns einlassen
und ob der Partner alle Qualitäten mit in die Ehe bringt, die
uns wichtig sind. In einem Fernsehinterview beteuerte neulich
eine bekannte amerikanische Sexualtherapeutin die Wichtig-
keit eines erfüllten Sexlebens innerhalb der Ehe. Wir sollten alle
ganz genau wissen, was wir im Bett brauchen und unsere Wünsche dann gezielt dem Partner mitteilen, damit er sie uns erfüllen kann. Ein gutes Sexleben sei schon die halbe Miete – würde
uns auch anderweitig entspannen und die Beziehung stärken.
Ich frage mich, wie eine Ehe dann im Alter überlebt, wenn Sexualität – vielleicht aus gesundheitlichen Gründen – nur eine
sekundäre Rolle spielt? Ich denke wieder an meine Oma, was

mir in diesem Zusammenhang zugegebenermaßen etwas unangenehm ist, und ich glaube, dass sie in ihrer Ehe wohl nie viel darüber nachgedacht hat. Sie hatte schließlich Kinder groß zu ziehen und einen Krieg zu überstehen.

Das zeigt, dass Leidenschaft allein noch nicht das Fundament einer Ehe ausmacht. Was wir uns außerdem von einer festen Partnerschaft wünschen, ist Freundschaft. Wie oft sagen frischverheiratete Pärchen, sie hätten ihren besten Freund geheiratet. Wir wollen zusammen lachen, reisen und Abenteuer erleben. Aber wie viele Freunde haben wir wirklich ein Leben lang? Wären wir mit ihnen nach 50 Jahren immer noch befreundet, wenn wir täglich das Badezimmer teilen müssten? Der Literatur- und Ethikprofessor Felix Adler fand die Idee der Freundschaft innerhalb einer Ehe Anfang des 20. Jahrhunderts widersinnig: »Kameradschaft (…) basiert auf freier Wahl, und freie Wahl kann annulliert werden. Kameradschaft an sich hat keine Permanenz inne.« Außerdem basieren die meisten Freundschaften auf gleichen Interessen, die ein Ehepaar nicht unbedingt haben muss. Ein lang verheiratetes Paar stellte während unseres Gesprächs schallend lachend fest, dass sie außer ein paar wenigen Fernsehshows, die sie gerne zusammen anschauten, und ein, zwei Aktivitäten eigentlich nichts gemein hatten und trotzdem rundum glücklich verheiratet seien. Manchmal sind ja gerade die Unterschiede besonders reizvoll. Freundschaftliche Ehen können also einerseits besonders stabil sein, aber andererseits auch langweilig werden.

Bestenfalls entpuppt sich unser spannender Liebhaber und bester Freund außerdem noch als unser Seelenverwandter, der uns unsere Wünsche von den Augen abliest, mit dem wir uns einfach wortlos verstehen. Wenn sich irgendwann Kinder ankündigen, erwarten wir natürlich eine reibungslose Transformation unseres Partners zum liebevollen Elternteil, der nebenbei erfolgreich ist und uns zum Lachen bringt. Und wenn wir schon dabei sind, unsere Wunschliste so sorgsam zusammenzustellen: Wir wollen innerhalb unserer Beziehung bitteschön genügend Raum haben, um uns selbst verwirklichen zu können, aber genügend Nähe spüren, um uns geliebt zu fühlen. Das wäre auch schon alles, was uns spontan zu unserem Traumpartner einfällt.

Fakt ist, unsere Erwartungen an eine Ehe haben sich innerhalb von nur zwei Generationen vervielfacht – von einer einfachen langlebigen Partnerschaft hin zu einem Selbstfindungsapparat mit hohem Vergnügungspotenzial. Wenn die Ansprüche so hoch und zahlreich sind, werden sie natürlicherweise schnell und oft enttäuscht. Ich frage mich, ob die Erwartungen so hoch sind, weil wir so unendlich große Angst haben, dass unsere Partnerschaft nicht funktioniert. Wir glauben, wenn wir in möglichst vielen Punkten harmonieren, sind die Chancen geringer, im Vergleich mit alternativen Partnern schlecht abzuschneiden.

Ist Liebe wirklich so oberflächlich geworden?

Neulich hörte ich im Radio ein Gespräch von zwei Freunden, in dem der eine dem anderen beichtete, dass er die Beziehung zu seiner Partnerin tatsächlich beendete, weil ihm ihre Fußgelenke nicht gefielen, obwohl sie davon abgesehen die perfekte Partnerin war. Gut, jeder darf seine Vorlieben haben, aber sind wir einmal ehrlich – wie viele Fußgelenke sehen im Alter denn noch sexy aus? Davon abgesehen: Ein Fußgelenk, so schön es auch sein mag, kann keinen Streit schlichten und keine Liebe geben. Also frage ich mich, wie sich die Werte in unserer Gesellschaft verändert haben, dass die jugendliche Schönheit der Frau einen so hohen Stellenwert erreicht hat, dass sich ein stetig wachsender Anteil sogar operativ verjüngen lässt. Hat sich durch die endlosen Wahl- und Wechselmöglichkeiten der Partner die Konkurrenz so stark erhöht, dass wir »wettbewerbsfähig« bleiben müssen? Ich fühle mich plötzlich wieder in mein Studium zurückversetzt – als würden wir hier vom klassischen Marktwirtschaftsproblem des Angebots und der Nachfrage reden.

Im Gegensatz zu früher bleiben die Partner heutzutage innerhalb ihrer Beziehung zwei Individuen – vor zwei Generationen konnten Mann und Frau sowohl ihre Arbeit als auch ihre gesellschaftliche Stellung nur als Paar realisieren. Unser zentraler Verknüpfungspunkt in der Partnerschaft heute ist die meist fragile Liebe, früher war es ein starres, gesellschaftliches Rollenbild.

Wir brauchen und wollen aber heute mehr Verknüpfungspunkte als früher, denn bei einer Scheidungsrate von knapp 50 Prozent ist ein Versprechen und eine gesellschaftliche Funktion nicht genug, um uns in Sicherheit zu wiegen. Also suchen wir nach Gemeinsamkeiten, um später so wenig Reibungspunkte – sprich »unüberwindbare Differenzen« – wie möglich zu entdecken. Online-Partnerschaftsbörsen entsprechen genau diesem Trend: Per Mausklick können wir die Eigenschaften angeben, die uns an unserem zukünftigen Partner am wichtigsten erscheinen und schon spuckt das Softwareprogramm eine Auswahl passender Kandidaten aus.

Ich muss ehrlich gestehen: Obwohl wir sehr gut zusammenpassen und ich mich sofort Hals über Kopf in ihn verliebte, wäre Mike wahrscheinlich nicht unter meinen Kandidaten gewesen Das liegt daran, dass ich einerseits im Voraus nicht wissen konnte, welche Eigenschaften ich im Laufe unserer Partnerschaft am meisten an ihm schätzen würde und andererseits auch daran, dass die unerklärbare Anziehung zwischen zwei Menschen in keiner Partnerschaftsannonce zum Ausdruck kommen kann. Mike ist außerdem nicht so groß, wie ich es mir vorgestellt hatte, er ist blond, obwohl ich immer für dunkelhaarige Typen schwärmte, und außerdem ist er sehr wettbewerbsorientiert, was mir überhaupt nicht wichtig ist. Funktionalität triumphiert für Mike immer über Schönheit – was ich früher nicht immer nachvollziehen konnte. Mike interessiert sich nicht für Kleidung oder Schuhe. Dabei ist er überhaupt nicht geizig, sondern schlichtweg praktisch veranlagt. Mike hat viel Humor, den ich zu Beginn unserer Beziehung oft nicht verstanden habe und auch gar nicht lustig fand. Da Humor sehr kulturspezifisch ist, gehört er wohl zu den letzten Feinheiten, die ein Ausländer in einer fremden Sprache lernen kann. Mittlerweile würde ich Mikes Humor neben seiner direkten und ehrlichen Art zu seinen stärksten Attributen zählen. Er weiß, wer er ist und was er will und fordert mich geistig heraus. Diese positive Spannung schätze ich sehr, denn daraus resultieren viele interessante Gespräche und ich bin dankbar für sein Feedback. Sein Freiheitsdrang hat mich dazu inspiriert, meinen eigenen auch leben zu dürfen – so gehen wir beide unterschiedlichen Hobbys nach und sind froh über den individuellen Raum innerhalb der Partnerschaft. Das alles sind Eigenschaften, von denen ich niemals wusste, wie sehr ich sie zu meiner eigenen Entwicklung brauchen und wie sehr ich sie an meinem Partner schätzen würde. Obwohl Partnerschaftsbörsen für viele Menschen heutzutage also eine willkommene und effiziente Möglichkeit sind, um einen Partner zu finden, scheint mir die gezielte Suche nach Gemeinsamkeiten der falsche Weg zu sein. Genau wie das ältere

Pärchen, das nach 35 Ehejahren feststellen musste, dass sie fast nichts gemein hatten und trotzdem rundum glücklich sind, musste ich in meiner eigenen Ehe feststellen, dass ähnliche Interessen allein nicht der Garant für eine perfekte und glückliche Beziehung sind.

Ich denke noch einmal an meine Oma. Sie hatte zwar einen viel pragmatischeren Start in ihre Ehe als ich und hatte mit ihrer praktischen Ader und der bäuerlichen Herkunft auch mit den geistlichen Tendenzen meines Opas nicht viel gemein. Trotzdem haben wir beide, zwei Generationen voneinander entfernt, zwei Ehemodelle und Frauenentwicklungen später, eine ähnliche Bauchentscheidung in Sachen Liebe getroffen: Meine Oma hatte einfach von Anfang an ein gutes Gefühl bei meinem Opa und ich bei Mike.

4

(Tier) sein oder nicht sein, das ist hier die Frage

Egal ob wir unseren Wunschpartner auf der Straße, in der Bar oder per Annonce finden: Die Chemie muss stimmen! Irgendetwas am anderen muss uns auf besondere Weise anziehen. Oft ist es gar nicht das Aussehen, sondern das »gewisse Etwas«: ein schallendes Lachen vielleicht, das von weitem nicht zu überhören ist, ein selbstbewusstes Auftreten, das überall für Aufsehen sorgt oder sogar – ja, es ist kaum zu glauben – der Schweißgeruch des anderen. Der Schweizer Evolutionsbiologe Dr. Claus Wedekind erforschte, inwiefern sich der Schweißgeruch von Männern bei Frauen auf die Partnerwahl auswirkt. Bei seinem Experiment nahmen 49 Frauen und 44 Männer mit möglichst gegensätzlichen Genen – speziell in Bezug auf die Immunität gegen Krankheiten – teil. Die Herren wurden gebeten, in einem frischen T-Shirt zwei Nächte zu schlafen. Die T-Shirts wurden anschließend den Damen zum Dufttest vorgelegt, die daraufhin bewerten sollten, wie intensiv, angenehm und sexy sie die Gerüche empfanden. Die Resultate waren trotz der relativ kleinen Versuchsgruppe eindeutig: Frauen hatten eine klare Vorliebe für den Schweißgeruch derjenigen Männer, deren Immun-Gene im Vergleich zu ihren eigenen besonders unterschiedlich waren. Genetische Gegensätze ziehen sich also an.

Beim Schwitzen geben wir eine Art chemischen Fingerabdruck ab, der unsere Partnerwahl beeinflussen kann. Bringen Deos, Waschmittel und Co unsere natürliche Partnerwahl also komplett durcheinander? Wenn es bis jetzt mit dem richtigen Partner noch nicht geklappt hat, könnten Sie es ja mal ohne Parfüm probieren. Wissenschaftler argumentieren zumindest, dass unsere eigenen chemischen Botenstoffe dem anderen wichtige Hinweise geben – von der Fruchtbarkeit der Frau bis hin zu genetischen Anlagen. Ob wir wollen oder nicht, in diesem Punkt unterscheiden wir uns nicht weiter von unseren tierischen Verwandten.

Dieses wissenschaftliche Geschwafel ist Ihnen zu unromantisch? Es geht sogar noch weiter: Psychologen haben herausgefunden, dass es nur zwischen 90 Sekunden und 4 Minuten dauert, bis wir merken, ob wir jemanden attraktiv finden oder nicht. Dabei kommt es nicht einmal darauf an, ob der- oder diejenige etwas Interessantes von sich gibt, sondern hauptsächlich auf die Körpersprache und bis zu einem gewissen Grad auch noch auf die Stimmlage. Vielleicht meinte es die Natur hier ausnahmsweise einmal gut mit uns, denn beim Antlitz unseres Traumpartners fällt uns sowieso meistens nichts mehr ein – zumindest nichts Mitteilungswürdiges. So simpel kann es doch nicht sein, oder? Doch, sogar noch einfacher! Um zu testen, wie Menschen sich ineinander verlieben, bat Psychologie-Professor Arthur Arun eine Versuchsgruppe von Frauen und Männern, die folgenden drei Schritte auszuführen:

1. Finde eine unbekannte Person
2. Teilt euch gegenseitig für eine halbe Stunde vertrauliche Details über euer Leben mit
3. Schaut euch dann für etwa vier Minuten tief in die Augen, ohne dabei zu reden

Dieser kuriose Versuch endete mit dem verblüffenden Ergebnis, dass viele der Teilnehmer sich nach dem 34-minütigen Experiment tief miteinander verbunden fühlten und zwei Teilnehmer später sogar heirateten. Das heißt: Eigentlich könnten wir uns praktisch in jeden Menschen verlieben. Von wegen Seelenverwandtschaft!

Ich wollte Ihnen jetzt nicht die Illusion der Einmaligkeit Ihrer Partnerschaft rauben, sondern stattdessen den vielen Singles Mut machen, dass sie tatsächlich nur gute 34 Minuten investieren müssen, um auch endlich ihren Traumprinzen zu finden. Die Möglichkeiten sind laut Arthur Aruns Versuchsergebnis endlos und 34 Minuten passen schließlich in jeden Zeitplan. Wenn wir schon bei der effektiven Prinz- bzw. Prinzessinnen-Jagd sind – hier noch zwei weitere Bio-Tipps: Es empfiehlt sich, das gut halbstündige Gespräch mit dem Unbekannten bei gedämpftem Licht zu führen. Nein, nicht damit wir die Aknenarben schlechter sehen, sondern weil sich dabei die Pupillen weiten, was normalerweise auch ein Zeichen der körperlichen Erregung ist. Wenn Sie Ihr Date noch mit einem Kinobesuch abschließen wollen, wählen Sie einen Horrorfilm! Hört sich zwar nicht besonders romantisch an, aber unser Körper unterscheidet anfangs nicht, ob er extrem verängstigt oder sexuell stimuliert ist. Wenn Horrorfilme nicht Ihr Ding sind – vielleicht ein nächtlicher Spaziergang durch verlassene Gassen oder eine Fahrt auf der neuesten Achterbahn? Ein Fallschirmsprung könnte den Weg zum Altar möglicherweise besiegeln. Sind wir einmal ehrlich – unser Körper will sich so sehr mit jemandem vereinen, dass er wirklich jedes kleinste Zeichen, jede hormonelle Schwankung als klares Indiz der Bereitschaft für Liebe deutet.

Und trotzdem halten wir stocksteif an dem Glauben fest, dass wir unseren Partner bewusst wählen, obwohl es danach aussieht, als würden unsere unbewussten Triebe unseren Traumpartner für uns aussuchen.

Hier ist das Problem: Einerseits brauchen wir diese animalischen Triebe, um uns gegenseitig attraktiv zu finden und eine Beziehung einzugehen, andererseits müssen wir sie dann aber wieder unterdrücken, damit die Partnerschaft langfristig halten kann und wir uns nicht anderweitig vergnügen.

Die grundsätzliche Frage lautet: Sind Mann und Frau überhaupt dafür gemacht, ein Leben lang miteinander zu verbringen, oder ist die Idee der Lebensabschnittspartner doch realistischer? Wenn die Biologie eine so dominante Rolle in der Partnerwahl spielt, wie können wir dann verhindern, dass sie unsere Liebesgeschichte nicht genauso abrupt und triebgesteuert wieder beendet?

Ich würde mich als romantische Praktikerin bezeichnen. Zwar glaube ich felsenfest an die Liebe, aber ich habe gerade noch gut genug im Biologieunterricht aufgepasst, um mitzubekommen, dass wir Menschen, genau wie die meisten anderen Säugetiere, nicht unbedingt für lebenslange Monogamie geschaffen sind. Und doch hoffe ich, dass Mike und ich uns – den biologischen Tatsachen zum Trotz – bis zum Lebensende treu bleiben. Allerdings scheint es in Sachen Monogamie zwischen Mann und Frau sowieso Unterschiede zu geben. In einem Radiointerview bestätigte ein Psychologe einem Anrufer, dass Frauen bei der Hochzeit meist keinerlei Bedenken haben, für den Rest ihres Lebens nur noch mit ihrem Partner ihr Liebesleben zu gestalten, während dieser Gedanke für viele Männer ein Kompromiss ist, egal wie sehr sie ihre Partnerin lieben oder wie attraktiv sie sie finden. Wir Frauen lieben einfach anders:

Leidenschaft und Liebe ist für uns meistens nur in Kombination vorstellbar, für viele Männer – zumindest in der Theorie – nicht unbedingt. Das heißt aber nicht, dass Frauen nicht auch zwischen Liebe und Leidenschaft unterscheiden können. Sie wissen, was ich meine: Sie lieben Ihren Partner, haben eine wunderbare Ehe, aber dieser Typ in der Arbeit ist einfach so unverschämt attraktiv. Nein, Sie wollen keine Beziehung, Sie haben ja eine. Wenn dieser Mann doch bloß einen kleinen Bauch hätte oder schlechte Zähne oder ein schreckliches Deo, dann wäre die Versuchung nicht so groß. Häufiger ist es aber andersherum: Die nette Blondine im Büro ist immer so freundlich und an jenem feuchtfröhlichen Abend auf der letzten langweiligen Konferenz hat es sich zufällig ergeben. Wir reden hier von Leidenschaft, die generell nichts mit Liebe zu tun hat.

Erschreckenderweise berichten nur die Hälfte aller Frauen und sogar nur ein Viertel der Männer, die eine spontane Affäre eingegangen sind, dass sie davor eheliche Probleme hatten. Das bedeutet, dass die meisten Affären nicht eine Suche nach einer besseren Beziehung waren, sondern einfach ein spontaner »Ausrutscher«. Besonders bei Männern handelt es sich statistisch gesehen oft schlicht und ergreifend um ein Gelegenheitsdelikt. Es kann natürlich auch sein, dass sich diese Frauen und Männer zum Zeitpunkt der Affäre nicht bewusst sind, dass sie ihre Partnerschaft eigentlich nicht mehr erfüllt, und dass sie deshalb überhaupt für eine außereheliche Beziehung offen waren. Wie dem auch sei – bei einer solchen spontanen Affäre agiert das Tier in uns und danach leidet der Mensch an den tragischen Konsequenzen. Tiere kennen normalerweise keine Reue nach Sex mit verschiedenen Partnern. Bei uns Menschen kann dieses Schuldgefühl aber regelrecht Leben zerstören. Natürlich kommt es hier auf unser gesellschaftliches Umfeld an. In

vielen Kulturen wird weiterhin zwischen seelischer Verbundenheit und körperlicher Leidenschaft getrennt. Ehe und Affären
werden parallel gelebt, aber es bleibt fragwürdig, inwieweit eine
solche Zweigleisigkeit auf Dauer zufriedenstellend ist. Glückliche Paare hierzulande schwören jedenfalls weiterhin auf die
lebenslange Monogamie oder besser gesagt, auf serielle monogame Partnerschaften. Die meisten von uns spüren Verbundenheit mit dem Partner weiterhin nur dann, wenn Leidenschaft
und Liebe innerhalb ihrer Beziehung und nicht außerhalb gelebt wird. Das Ausleben unserer tierischen Instinkte hört sich
zwar spannend an, aber ganz ehrlich – die Frauen, die sich beim
spontanen Sex mit einem anderen Mann wirklich entspannen
können und nicht über ihre körperlichen Schwachstellen oder
ihre Kinder zu Hause nachdenken, möchte ich erst einmal kennenlernen. Männer scheinen sich damit leichter zu tun. Trotzdem nagt das schlechte Gewissen – und das ein Leben lang.

Leidenschaft allein ist sowieso eine kurzfristige Angelegen-
heit, oberflächlich, intensiv, ein hormonell bedingter Höhenflug.
Pure Leidenschaft hat mit Fantasie und Projektion zu tun, damit
zu erobern und erobert zu werden. Je mehr wir über den anderen wissen, nicht nur über die Schokoladenseiten, sondern auch
über die Schwachpunkte, desto mehr muss die reine Leidenschaft der Liebe weichen, wenn die Partnerschaft andauern soll.

Wir wissen nicht genau, ob Tiere auch Liebe empfinden, so
wie wir Menschen, aber es steht eindeutig fest: Die Liebe gibt
es tatsächlich, nachweislich, messbar, aber sie entsteht eigentlich nicht im Herz, sondern im Hirn. Genauer gesagt: Sie ist
eine chemische Reaktion! Diese wissenschaftliche Tatsache
mag zwar unromantisch klingen, ist aber einer der wenigen soliden Hoffnungsträger, an den wir uns klammern können – da
schließe ich mich gerne an!

Die Anthropologin Helen Fisher teilt die Liebe in drei Phasen ein: Lust, Anziehung und Bindung. Jede Phase wird durch bestimmte Hormone und Chemikalien im Körper gesteuert. Es ereignen sich chemische Prozesse, die sich als weitaus spannender entpuppen als der Chemieunterricht meiner Schulzeit und die schließlich zu einem überraschenden Ergebnis führen.

Die Lustphase basiert hauptsächlich auf dem Zusammenspiel der beiden Sexualhormone Östrogen und Testosteron, von denen wir besonders in unserer Jugend mehr als genug zur Verfügung haben. Denken Sie auch manchmal an Ihre Jugend zurück und können überhaupt nicht mehr nachvollziehen, wieso Sie den einen oder anderen Typen damals so toll fanden? Bei so vielen Sexualhormonen kann das Hirn auch mal ausschalten.

In der Anziehungsphase wird es etwas komplexer: Die drei Botenstoffe Adrenalin, Dopamin und Serotonin kommen gemeinsam zum Zug. Adrenalin ist dafür verantwortlich, dass wir plötzlich zu schwitzen beginnen, wenn wir unerwartet auf unseren Traumpartner stoßen, unser Herz zu rasen beginnt und wir gar nicht mehr wissen, was wir eigentlich sagen wollten. Dopamin führt dazu, dass wir uns ganz und gar auf unseren Partner fixieren. Unser Körper produziert immer dann Dopamin, wenn wir Genuss empfinden und fordert uns praktisch auf: »Mach das Gleiche nochmal!«. Wenn Ihre nächste Diät also nicht planmäßig funktioniert, wissen Sie jetzt wenigstens, dass Sie nicht gegen Ihren inneren Schweinehund, sondern gegen Ihren Dopaminspiegel kämpfen müssen.

Haben Sie sich schon mal in jemanden verliebt, nachdem Sie ein Glas Wein oder Bier getrunken haben? Alkohol senkt nicht nur unsere Hemmungen, sondern sorgt auch noch für einen Anstieg der Dopaminausschüttung im Körper. Interessanterweise verlieben wir uns schneller, wenn der Dopamingehalt in unserem Körper schon erhöht ist. Neben Alkoholkonsum können auch neue Erfahrungen unseren Dopaminspiegel ansteigen lassen. Alle, die ihren Partner auf einer Reise oder an einem neuen Wohnort kennengelernt haben, womöglich bei einem Glas Wein, sind praktisch Opfer ihres eigenen Dopaminspiegels geworden – ich gehöre auch dazu. Häufig hören wir von Dopamin auch im Zusammenhang mit Drogenmissbrauch. Unser Körper unterscheidet anfänglich nicht, ob wir Dopamin durch Drogenkonsum oder aus Verliebtheit produzieren. Ähnlich wie bei Drogen sorgt unser Körper dafür, dass wir uns mit Hilfe von Dopamin an unseren neuen Partner binden.

Weiter geht es mit Serotonin. Dieser Botenstoff hilft uns normalerweise dabei, Ruhe und Gelassenheit zu empfinden. Wenn der Serotoninspiegel jedoch zu niedrig ist, fühlen wir uns angespannt, genauso wie in der anfänglichen Verliebtheitsphase.

In der dritten Phase der Liebe, der Bindungsphase, spielen die Hormone Oxytocin und Vasopressin eine wichtige Rolle. Mütter haben von Oxytocin sicher schon gehört: Dieses Hormon ist für den Beginn der Geburt verantwortlich, für die Entleerung der Milchdrüsen beim Stillen und für die Bindung zwischen Mutter und Kind nach der Geburt. Es wird aber nicht nur von Frauen, sondern auch von Männern ausgeschüttet und dient generell dazu, dass sich zwei Menschen miteinander verbunden fühlen. Beim Sex haben sowohl Frauen als auch Männer erhöhte Oxytocinwerte. Je mehr wir uns körperlich nahe sind, desto verbundener fühlen wir uns auch geistig. Und weil der Effekt von Oxytocin mit weiblichen Östrogenen nochmal verstärkt wird, wollen Frauen nach dem Sex eben ein klein bisschen länger kuscheln als unsere Herren der Schöpfung.

Und damit kommen wir nun zum letzten wichtigen Hormon: Vasopressin, das ebenfalls nach Sex ausgeschüttet wird.

Bei Männern ist dieses Hormon dafür verantwortlich, dass sie ihre Partnerin beschützen wollen und sie von den anderen wunderbaren Damen dieser Welt unterscheiden können. Vasopressin macht uns Frauen also einzigartig in den hormon-benebelten Augen unserer Männer!

Jetzt wird es interessant! Studien haben folgendes herausgefunden: Werden bei den wenigen Tieren, die sich auch lebenslang an denselben Partner binden, zum Beispiel der Präriewühlmaus, die Vasopressin-Rezeptoren im Hirn der Männchen künstlich blockiert, beginnen diese Tiere ihre Partner zu wechseln. Wissenschaftler erwarten dieselbe Reaktion, wenn die Oxytocin-Rezeptoren im Hirn der Weibchen blockiert werden.

Vielleicht hat die Sexualtherapeutin zu Beginn des Buches gar nicht so unrecht gehabt, wenn sie auf mehr Sex in der Partnerschaft gedrängt hat – wir fühlen uns verbundener und bleiben uns treuer! Die Psychotherapeutin Frauke Schäfer sieht das ähnlich: Die Hormone, die beim Sex ausgeschüttet werden, agieren sozusagen als »Kleister«, der unter anderem eine Beziehung zusammenhält und sie von einer reinen Freundschaft unterscheidet.

Der wichtigste Grund für diese kurze Chemie-Exkursion ist jedoch folgender: Diese Botenstoffe können den Unterschied zwischen Verliebtheit und tatsächlicher Liebe erklären. Bei Gehirnscans von Frischverliebten und Paaren, die schon seit vielen Jahren glücklich verheiratet waren, zeigten beide Paartypen erhöhte Dopaminwerte, wenn sie Bilder ihrer Partner zu Gesicht bekamen. Es gab aber einen entscheidenden Unterschied: Während Frischverliebte geringe Serotoninwerte aufwiesen, was mit größerer seelischer Anspannung in Verbindung gebracht wird, hatten die langverheirateten Paare wesentlich höhere Serotoninwerte, was zu Gelassenheit und einem erfüllenden Glücksgefühl führt. Sie freuen sich noch immer, den anderen zu sehen, wollen mit ihrem Partner Zeit verbringen, sind aber nicht mehr so angespannt wie als junges, frisch verliebtes Paar. Rein chemisch betrachtet ist das der Beleg für die reife Liebe, die sich durch friedliche und tiefe Verbundenheit auszeichnet. Daneben steht die anfängliche Leidenschaft, sprühend vor Adrenalin, Aufregung und Anspannung. Medizinisch gesehen ist die reife Liebe also keine Illusion, sie ist sogar chemisch nachweisbar. Die Frage ist nur, wie können wir als junges Paar zu diesem Zustand gelangen, dass unser Hirn auch im Alter noch Dopamin und Serotonin ausschüttet, wenn wir Bilder von unserem Partner sehen? Warum entgleisen wir überhaupt so häufig auf dem Pfad von der anfänglichen Verliebtheit zur reifen Liebe, ohne unser Ziel jemals zu erreichen? Wahrscheinlich verlieren wir in dem ganzen Hormon- und Gefühlschaos den Blick für das Wesentliche und merken erst, wenn sich der Gefühlsnebel der Verliebtheitsphase langsam lichtet, worum es eigentlich geht. Wenn sich die ersten Unterschiede bemerkbar machen und es die ersten Krisen zu bewältigen gilt, stellen wir uns alle über kurz oder lang die Frage: Wie gut passen wir tatsächlich zusammen und spielt das Zusammenpassen wirklich so eine große Rolle?

5

Die ideale Partnerschaft in Theorie und Praxis: ein Selbsttest

Vor kurzem las ich eine Studie, in der der Verfasser ausführlich darüber berichtete, welche Meinung Kinder in Sachen Liebe haben. Hierzu stellte er diesen eine Reihe von Fragen. Die erste Frage lautete: »Wie entscheidest du, wen du später einmal heiraten möchtest?«

Der 9-jährige Manuel antwortete entschlossen: »Du musst jemanden finden, der dieselben Interessen hat wie du. Wenn du zum Beispiel Sport gerne magst, dann sollte deine Frau es auch gut finden, dass du Sport magst, und sie kann dir dann auch die Chips und den Dip bringen, wenn du Sport anschaust.«

Der Verfasser fragte weiter: »Wie führt man eine gute Ehe?«, worauf der 11-jährige Martin ganz klar antwortete: »Du musst deiner Frau sagen, dass sie wunderschön aussieht, auch wenn sie eigentlich wie ein Müllauto ausschaut.«

Ernst gemeinte Komplimente sind tatsächlich ein wichtiger Bestandteil gesunder Beziehungen. Sie verleihen der Zuneigung zum Partner einen Ausdruck und zeigen, dass wir ihn wahrnehmen und schätzen. Ob allerdings gemeinsame Interessen wirklich notwendig sind, um ein stabiles Beziehungsgerüst zu bauen, bin ich mir nach meinen Gesprächen mit älteren Paaren nicht so sicher. Aber Liebe allein, gespickt mit dem einen oder anderen Kompliment, reicht laut Paartherapeutin Lysle Betts auch nicht aus, um eine lange, glückliche Ehe zu führen. Ich hatte ja immer die romantische Vorstellung, dass die Liebe alle Hindernisse überwinden und alle Wunden heilen könnte. Laut Frau Betts spielen soziale und psychologische Faktoren in unseren Partnerschaften aber eine mindestens genauso wichtige Rolle, da ohne sie die Liebe nicht andauern kann.

Obwohl ich mich von dieser unromantischen Meinung nicht so recht überzeugen lassen will, sehe ich doch ein, dass soziale und psychologische Faktoren eine wichtige Rolle in unserer Partnerschaft spielen, weil sie im Laufe der Zeit zu Reibungspunkten mutieren können. Allerlei Studien belegen eindeutig, dass diese Faktoren sowohl für die gegenseitige Anziehung als auch für die aufkommenden Konflikte verantwortlich sind. Was uns anfänglich besonders reizt, kann nach einer Weile zum Stressfaktor werden. Verlieben wir uns beispielsweise in die unkonventionelle, künstlerische Ader unseres Partners, kann uns genau diese im stressigen Familienalltag ganz schön nerven, wenn es um das konkrete Anpacken geht. Da wir nicht steuern können, in wen wir uns verlieben, bemerken wir erst im Nachhinein, auf was wir uns eingelassen haben. Die Buddhisten sagen so schön: Nach der Ekstase [kommt] die dreckige Wäsche. Also schauen wir uns die Schmutzwäsche mal etwas genauer an.

Im gemeinsam verfassten Buch »Alone Together« hat ein Soziologenteam neun Stolpersteine herauskristallisiert, die das Glück und die Dauer einer Ehe namentlich beeinflussen. Diese sozialen Komponenten sind äußere Faktoren – nicht zu verwechseln mit den inneren, psychologischen Qualitäten, die darauf einen Einfluss haben, wie wir mit den Reibungspunkten später umgehen. Ich entscheide mich für einen Selbsttest – wollen wir doch mal sehen, wie viele Stolpersteine meine eigene Ehe zu überwinden hat.

Ich beginne optimistisch mit dem ersten sozialen Faktor, der eine Ehe positiv beeinflussen kann: das Niveau der Schulbildung beider Partner. Je besser beide ausgebildet sind, desto geringer ist das Scheidungsrisiko. Die Wissenschaftler gehen davon aus, dass Menschen mit höherer Schulbildung auch bessere Kommunikationsfähigkeiten haben, Probleme effektiver lösen können und mit sich selbst und ihrem Leben glücklicher sind. Ein höherer gesellschaftlicher Status und ein größeres Einkommen machen Menschen im Durchschnitt außerdem zufriedener. So weit, so gut – Mike und ich haben beide ein abgeschlossenes Studium und über Kommunikationsstörungen können wir auch nicht klagen. Im Gegenteil: Mein Mann hätte, als er mich kennengelernt hat, nicht gedacht, dass ich schon nach kurzer Zeit auf Englisch genauso viel zu sagen hatte wie auf Deutsch. Ich gebe uns mal großzügig die volle (virtuelle) Punktzahl.

Die können wir auch gut gebrauchen, denn der zweite Faktor ist das Heiratsalter, bei dem uns wieder viele Punkte abgezogen werden. Die These lautet: Ein niedriges Heiratsalter ist einer der sichersten Prädikatoren für eine spätere Scheidung. Wer jung heiratet, nimmt sich weniger Zeit, um nach einem passenden Partner zu suchen. Außerdem sind junge Ehepartner oft nicht reif genug, um effektiv miteinander zu kommunizieren und sie wissen oft noch nicht, was sie wirklich vom Leben und von ihrem Partner wollen. Geringere finanzielle Mittel tragen zusätzlich zur Labilität einer jungen Ehe bei. Gerade in der heutigen Zeit, in der wir so viel in unserem Leben erreichen wollen und einen höheren Anspruch an unseren Lebensstil haben als noch unsere Elterngeneration, ist eine frühzeitige feste Bindung an einen Partner oft nicht erstrebenswert. Denn eine solche Bindung hindert uns daran, unser volles Potenzial in Studium und Beruf zu erreichen und macht uns weniger flexibel in Bezug auf Karrierechancen. Junge Paare wissen oft noch nicht, welche Ressourcen sie später benötigen, um ihre Familie zu versorgen und schränken mit einer Bindung in jungen Jahren ihre Entfaltungsmöglichkeiten ein. Junge Partner haben außerdem ihre Persönlichkeit noch nicht voll entwickelt und wissen nicht, welche Qualitäten sie sich wirklich von einem Partner wünschen, um eine gute Beziehung führen zu können. Wenn wir heutzutage ein junges Paar mit Baby auf der Straße sehen, gehen wir automatisch davon aus, dass dieses Paar wahrscheinlich keine großen Ziele für sein Leben hat, dass es sich hier eher nicht um schulische Stars handelt oder dass es sicherlich schon private finanzielle Absicherungen erhalten haben muss, um im wettbewerbsorientierten Gesellschaftsspiel trotz der frühen Bindung mitzuspielen. Wir geben solchen Paaren instinktiv keine guten Chancen für eine lange, glückliche Ehe.

Mike war mit 28 Jahren nur knapp unter dem heutigen durchschnittlichen Heiratsalter, doch ich war zum Zeitpunkt unserer Hochzeit gerade einmal 22 – ich sehe die Wissenschaftler schon seufzend vor mir. Es stimmt, dass ich noch nicht wirklich wusste, was ich vom Leben wollte, aber ich empfinde die Arglosigkeit und Unschuld einer Beziehung, die schon seit jungen Jahren hält, als etwas ganz Besonderes. Keiner bringt schweren Beziehungsbalast, Verletzungen, eigenwillige Vorlieben oder Stiefkinder (nichts gegen Stiefkinder!) mit in die Partnerschaft. Junge Paare haben die Chance, sich über Jahre in ihrer Entwicklung aneinander zu orientieren und gemeinsam zu wachsen und zu reifen. Gleichzeitig besteht sicherlich ein größeres Risiko, eines Tages aufzuwachen und festzustellen, dass sie eigentlich jemand ganz anderes sind, als sie dachten. Sie neigen dazu, sich dem scheinbar stärkeren Partner unterzuordnen und sich selbst zu vergessen, weil sie noch gar nicht wussten, wer sie eigentlich sind. Eines Tages stellen sie dann fest, dass sie immer nur auf der Umleitungsstraße gefahren sind und müssen sich bemühen, wieder auf den richtigen Weg zurückzufinden. Sie fragen sich vielleicht, ob sie sich zu früh festgelegt haben, ob es nicht einen Partner gäbe, mit dem sie eine harmonischere, interessantere oder spannendere Beziehung führen könnten. Sie sehen auf einmal die Möglichkeiten, zu denen sie in jungen Jahren »Nein« gesagt haben, ohne sich selbst wirklich gekannt zu haben.

Ein vergleichsweise hohes Alter zum Zeitpunkt der ersten Ehe kann ebenfalls einen Risikofaktor darstellen. Je älter die potenziellen Partner sind, desto weniger Auswahl haben sie normalerweise. Dieses Problem sehe ich in meinem Umkreis immer häufiger. Während des Studiums wollen sich junge Leute nicht mehr dauerhaft binden, um für das Studium oder den Arbeitsmarkt später flexibler zu bleiben – und wenn sie dann für eine langfristige Beziehung bereit sind, wird die Partnerwahl und der Versuch, Gleichgesinnte zu treffen, zu einer echten Herausforderung. Frauen hören zudem oft die berühmte biologische Uhr ticken. Meist wissen wir erst mit Mitte dreißig, wer wir eigentlich sind, welche Vorlieben wir haben und was wir im Leben erreichen wollen. In dieser Lebensphase haben wir oft schon Beziehungen hinter uns gelassen und die eine oder andere Verletzung dabei erlitten. Nach vielen erfolglosen Partnerschaften stellen einige sogar die lebenslange Liebe generell in Frage und zweifeln daran, dass diese überhaupt erstrebenswert ist. Sie haben Angst, dass sie für eine dauerhafte Beziehung zu viele Kompromisse eingehen müssten. Freunde, die sich in dieser Situation befinden, haben mir erzählt, dass ein häufiges Problem darin bestand, dass der neue Partner einer verflossenen Liebe hinterhertrauerte und sich ständig fragte, wie das Leben mit der Liebe von damals verlaufen wäre. Dadurch fühlen sich die neuen Partner nur wie die zweite Wahl, die im ständigen Wettkampf mit dem ehemaligen Partner mithalten muss. Das kann keine stabile Basis für eine dauerhafte Beziehung sein!

Eigentlich befinden sich junge und ältere Paare in derselben Zwickmühle: Sie träumen beide von alternativen Beziehungsszenarien. Die einen mit den ausgedachten Idealpartnern der Zukunft, die sie noch nicht getroffen haben, die anderen mit den verlorenen Partnern der Vergangenheit. Das eigentliche Problem sind auch hier wieder die endlosen Wahlmöglichkeiten. Obwohl wir heute eine unerschöpfliche Auswahl an potenziellen Partnern haben, sind wir zu unflexibel und zu wenig engagiert, um uns mit voller Hingabe einer neuen Beziehung zu widmen. Die Tatsache, dass heutzutage Wohnorte, volle Terminkalender oder unattraktive Fußgelenke als Beziehungskiller gelten, spricht Bände. Wir glauben immer, etwas noch Besseres finden zu können, genau wie bei einem Auto, bei dem nicht nur die Lackfarbe und Ledersitzausstattung passen muss, sondern auch die vielen anderen Details. Wir sind oft nicht nur zu faul, uns dem »Aufbauprojekt Partnerschaft« zu widmen, sondern auch zu ängstlich, uns womöglich an einen Menschen zu binden, der sich letzten Endes doch nicht als Seelenverwandter entpuppt.

Der Politikwissenschaftler Henry Kissinger kam einmal zu dem praktischen Schluss: »Der Mangel an Alternativen befreit den Geist auf wunderbare Weise.« Sich einfach auf den einen Menschen zu konzentrieren, den wir uns als Partner ausgesucht haben, anstatt uns ständig umzusehen, kann viele Probleme verhindern. Eine amerikanische Journalistin bezeichnet unser heutiges Verhalten auch als leaky energy. Das heißt, dass wir uns ständig nach Optionen umsehen, anstatt unsere geballte Energie in unsere Partnerschaft zu stecken. Das raubt unserer Beziehung Kraft – die Energie entrinnt ihr im wahrsten Sinne des Wortes.

Ein Vorteil junger Ehepaare ist die naive Illusion, dass ihre Liebesgeschichte etwas ganz Besonderes sei, was wiederum ein stabilisierender Faktor ist. Paare, die sich erst später kennenlernten, haben oft schon die ernüchternde Erfahrung gemacht, dass selbst die romantischste Liebesgeschichte scheitern kann. Meine vergleichsweise unschuldige Partnerschaft mit leicht erhöhtem Scheidungsrisiko ist mir dann doch lieber – sie scheint mir schlicht und einfach schmerzfreier zu sein. Aber wir können es uns ja nicht immer aussuchen. Ein bisschen Glück und der richtige Zeitpunkt gehören auch dazu.

Kommen wir zum dritten überraschenden Faktor, der eine Scheidung begünstigt: das Zusammenleben der Partner vor der Eheschließung. Es ist nicht ganz klar, warum das Zusammenziehen vor der Hochzeit eindeutig mit einem erhöhten Scheidungsrisiko in Verbindung steht, aber man vermutet, dass es mit dem Charakter der Partner zusammenhängt, die vor einer Hochzeit zusammen leben wollen. Man glaubt, dass solche Paare vielleicht von Beginn an unkonventionellere Einstellungen zur Partnerschaft haben, sich von vornherein nicht der Ideologie einer lebenslangen Ehe anpassen wollen und demnach auch einer Scheidung gegenüber nicht abgeneigt sind. Wer vor der Ehe lange »testen« möchte, hat vielleicht besonders große Angst, sich an einen falschen Partner zu binden oder er hat kein besonders großes Vertrauen in seine eigene Liebesfähigkeit oder die des Partners. Ist die Tatsache, dass wir mittlerweile fast alle vor der Hochzeit eine Zeit lang mit unserem Partner zusammenleben also der Auslöser für die hohe Scheidungsrate oder nur ein Ergebnis der vielen geschiedenen Ehen in unserer Elterngeneration?

Ich wage eine andere Erklärung: Diejenigen, die nicht vor der Eheschließung zusammenziehen, haben häufig religiöse Gründe dafür. Es stellte sich heraus, dass wenig Religiosität innerhalb einer Partnerschaft der vierte Prädikator für eine Scheidung ist. Oder anders ausgedrückt: Starke Religiosität eines Paares führt zu einer stabileren Ehe, da das Familienleben und das Eheversprechen in den Mittelpunkt gestellt wird und weniger die Selbstverwirklichung. Das bestätigte auch die 90-jährige Elisabeth, als sie von der Unantastbarkeit der Ehe als verbindlichstes Element ihrer 63-jährigen Ehe sprach. Ihr Mann und sie hatten nicht viel gemeinsam, aber beide glaubten an die Heiligkeit ihrer Ehe, an das Versprechen, das sie sich vor Gott gegeben hatten.

Religiosität führt also generell zu einer anderen Einstellung zur Ehe, unabhängig davon, ob man vorher mit seinem Partner zusammengewohnt hat oder nicht.

Mike und ich sind da wohl ein Ausnahmefall. Wir haben vor unserer Hochzeit nie offiziell zusammengewohnt, jedoch nicht aus religiösen Gründen. Es hatte sich einfach nicht ergeben, denn sowohl für ihn als auch für mich hätte es bedeutet, mit Sack und Pack auszuwandern, Immigrationspapiere zu beantragen und vieles mehr – das hätte mit »ausprobieren« nicht mehr viel zu tun gehabt. Wir haben zwar mal für ein halbes Jahr in einer WG gemeinsam mit Mikes Bruder und einem weiteren Freund gelebt, aber selbst als ich später an die amerikanische Universität wechselte, habe ich bis wenige Monate vor unserer Hochzeit auf dem dortigen Campus gewohnt. Ich bin selbst erstaunt, dass wir unserer Ehe damit unbewusst bessere (statistische) Chancen gegeben und unser Punktekonto wieder ordentlich aufgebessert haben.

Wenden wir uns nun der Familiengründung zu – oder vielleicht besser nicht, denn laut wissenschaftlichen Untersuchungen verschlechtert dieser vierte Faktor die Ehequalität enorm.

Obwohl die Meinung weit verbreitet ist, dass Kinder zu einer glücklichen Ehe dazugehören, scheint das Gegenteil der Fall zu sein: Weniger Zweisamkeit, weniger Sex und weniger innige Unterhaltungen tragen dazu bei, dass sich die Partner häufig voneinander entfernen. »Wir haben uns auseinandergelebt!«, ist eine der häufigsten Aussagen, die im Zusammenhang mit einer Trennung fallen. Wenn der eine Partner jeden Morgen ins Büro fährt, während sich seine übermüdete Frau schon um 9 Uhr nach einem Mittagsschlaf sehnt, weil die kleinen Kinder sie nachts auf Trapp hielten, leben sie über kurz oder lang in unterschiedlichen Welten. Wenn sich manche Väter dann auch noch nachts auf die Wohnzimmercouch oder ins Gästezimmer flüchten, um besser schlafen zu können, ist die Trennung der Lebenssphären komplett. Manche Frauen sind mit diesem Arrangement durchaus zufrieden, andere haben das Gefühl, dass sich dadurch die zwei Fronten in der Ehe noch verstärkten – die Mutter und die Kinder bilden eine Einheit, der Vater bleibt außen vor und ist teilweise sogar eifersüchtig auf die Rolle der Kinder. Für derartige Verhältnisse braucht es einen starken Mann, der sich nicht nur als zahlendes Anhängsel fühlt, und eine starke Frau, die dem Mann auch eine andere, eine männlichere Umgangsweise mit den Kindern zugesteht. Oft blicken die Väter hilfesuchend zu ihren Partnerinnen, wenn sie sich im Umgang mit ihren Kindern unsicher fühlen, oder sie geben diese Aufgabe sogar komplett an ihre Partnerin ab. Frauen kosten dieses Machtgefühl häufig genüsslich aus – zumal sie ihre eigene Stärke innerhalb der Familie oft nur noch über ihre Mutterrolle definieren. Dass eine solche Situation das Zusammengehörigkeitsgefühl des Paares schwächt, ist logisch. Glücklicherweise gibt es ja immer mehr Väter, die ihre Vaterrolle intensiver leben wollen, statt nur das Bankkonto regelmäßig aufzufüllen, und auch mehr Mütter, die eine gleichwertige Rollenverteilung befürworten. Mit dem stetig wachsenden Anteil an berufstätigen Müttern kommen wir um die gleichberechtigte Elternbeziehung sowieso nicht mehr herum.

Kinder haben aber nicht ausschließlich einen schlechten Einfluss auf die Ehe. Natürlich kann man als Elternpaar kaum noch eine ordentliche Unterhaltung von Anfang bis Ende führen, ohne unterbrochen zu werden, und natürlich bringen einen die schlaflosen Nächte an die eigenen Grenzen, was Geduld und Verständnis für den Partner deutlich reduziert. Aber wenn Kinder wirklich solche Ehekiller wären, dann müssten die Scheidungsraten in Ländern mit wenigen Kindern ja stabiler sein. Oder haben Paare heutzutage weniger Kinder, weil sie ohnehin Schwierigkeiten in ihrer Ehe haben?

Ich sehe das Problem weniger in der Tatsache, dass ein Paar Kinder bekommt, als eher darin, dass sich das Paar plötzlich bewusst anstrengen muss, seine Ehe genauso spannend, spontan und humorvoll zu gestalten wie vorher. Spätestens mit dem ersten Kind beginnt also die Beziehungsarbeit. Eltern können nicht mehr dann streiten, wenn ein Konflikt entsteht, sondern müssen sich den Kindern zuliebe erst einmal auf die Zunge beißen, bis sie später einen geeigneten Zeitpunkt finden, um ihre Differenzen auszudiskutieren – diesen Zeitpunkt gibt es gerade mit mehreren kleinen Kindern so gut wie nie. Also laufen wir mit dem Groll der vielen nicht aufgearbeiteten Konflikte stunden-, tage- oder wochenlang umher. Frauen erzählten mir, dass sich der Sex irgendwann einstellte und am Ende keiner mehr sagen konnte, was der eigentliche Auslöser für ihre Ehekrise war. Zweisamkeit und Paarinteressen weichen Familienalltag und Kinderinteressen. Viele Paare nehmen diesen Zustand einfach als natürliche Entwicklung hin. Auch wenn wir uns früher gute Zuhörer waren, haben wir oft keine Energie oder Lust mehr, uns gegenseitig aufzubauen und geduldig auszutauschen. Kinder sind für ein junges Paar oft die erste große Herausforderung und es zeigt sich, wie gut beide Partner mit Veränderungen in ihrem Leben zurechtkommen und sich auf Neues einstellen können. Erst wenn der Fokus des einen Partners vom anderen abweicht und sich auf die gemeinsamen Kinder richtet, zeigt sich, wie sicher der andere Partner auf eigenen Beinen steht.

Obwohl Kinder also erst mal Instabilität in die Ehe bringen, sind sie meines Erachtens trotzdem auch ein verbindendes Glied. Es gibt viele Ehepaare, die sich aus Liebe zu ihren Kindern einen Therapeuten gesucht haben, obwohl sie eigentlich lieber getrennte Wege gegangen wären. Sie haben ihren Ehen eine zweite oder dritte Chance gegeben. Kinder geben Ehepaaren Gesprächsthemen, wenn sie gerade in einer Phase stecken, in der sie sich sonst nicht viel zu sagen haben.

Wenn ich auf die Kleinkindphase in unserer Ehe zurückblicke, kann ich mich an extreme Stresssituationen erinnern, meistens weil die Nächte einfach über Jahre hinweg zu kurz ausgefallen sind und wir nicht die nötige Gelassenheit hatten, kleine Konflikte einfach so an uns abprallen zu lassen. Berufliche Unsicherheiten und Umzüge erschwerten diese Phase zusätzlich. Das hatte anfangs nichts gemein mit dem Familienidyll, das ich mir für uns immer vorgestellt hatte.

Ich bin im Nachhinein schon manchmal überrascht, wie uns als Paar in all dem Chaos unsere Nähe nicht abhandengekommen ist und wie wir uns gegenseitig nicht aus den Augen verloren haben. Unsere Kinder sind zwar damals eindeutig in den Vordergrund gerückt, aber nicht zwischen uns. Mike ist nie aus unserem Elternschlafzimmer ausgezogen und war im Umgang mit unseren Kindern sehr selbstsicher. Nein, wir waren nicht immer auf der gleichen Erziehungsschiene, aber welcher Erziehungsstil ist schon das Nonplusultra? Deshalb erwarte ich von Mike auch keine Supernanny-Leistung und er nicht von mir. Wir bemühen uns einfach, trotz Schlafmangel und unseren überfüllten Terminkalendern unser Bestmögliches zu geben und können uns auch wunderbar über unsere jeweiligen Erziehungsflops amüsieren. Unsere Kinder sind also eindeutig zu unserem Lebensmittelpunkt geworden, aber haben uns, mit ein paar seltenen Ausnahmen, nicht zu Erziehungs-Gegnern werden lassen. Im Gegenteil – wir sind immer wieder von dem Wunder überrascht, dass wir drei Kinder geboren haben, die alle unterschiedliche Fähigkeiten und Persönlichkeiten haben. Sie als Eltern gemeinsam aufwachsen zu sehen, ist für Mike und mich wahrscheinlich der größte Motivationsfaktor, um unsere Ehe immer wieder verbessern zu wollen. Deshalb vergebe ich uns bei diesem Ehe-Gesundheits-Check großzügig die volle Punktzahl, die wir in Anbetracht des nächsten Scheidungs-Risikofaktors auch dringend benötigen.

Nehmen wir nämlich an, wir schaffen es nicht, unsere Partnerschaft zu erhalten, hat das dramatische Auswirkungen auf alle Folgegenerationen, denn: Wenn die Eltern von einem oder beiden Partnern geschieden sind, steigt das eigene Scheidungsrisiko eindeutig an! Hiermit sind wir also beim fünften Faktor angelangt: Paare mit geschiedenen Eltern empfinden oft weniger Glück in ihrer Ehe und haben häufiger Konflikte. Man geht davon aus, dass dieser Befund damit zusammenhängt, dass die Partner einerseits schon mit falschen Erwartungen in eine Beziehung gehen und außerdem die Möglichkeit der Scheidung bewusst oder unbewusst immer im Hinterkopf haben. Es wird zudem angenommen, dass Kinder von geschiedenen Eltern schlechtere Kommunikationsmuster oder andere negative Verhaltensweisen von ihren Eltern übernommen haben, die ihnen in ihrer eigenen Ehe zum Verhängnis werden. Meine Eltern sind nach fast vierzig Jahren immer noch glücklich verheiratet, die Eltern meines Mannes geschieden. Ja, man kann behaupten, dass Mike besonders zu Beginn unserer Beziehung noch an seiner Kommunikationsfinesse zu feilen hatte, aber welche Frau würde das nicht von ihrem Mann behaupten? Ich habe eher das Gefühl, dass Mike besonders offen dafür ist, seine Verhaltensweisen oder Kommunikationsmuster unter die Lupe zu nehmen, weil er bei seinen Eltern gesehen hat, wie eine Beziehung daran auch zugrunde gehen kann. Statistisch betrachtet sind wir als Paar aber zumindest halbseitig vorbelastet, das heißt, der Punktestand bleibt vorübergehend unangetastet.

An dieser Stelle wollen wir uns dem sechsten weitreichenden Faktor zuwenden: Heterogamie – der Grad an Unterschiedlichkeit zwischen den Partnern. Je verschiedener die Ehepartner sind, desto höher ist die Scheidungswahrscheinlichkeit. Unterschiede gibt es in allen Lebensbereichen, zum Beispiel in Bezug auf Alter, Herkunft, Kultur, Anzahl der vorherigen Ehen und noch viele mehr. Alle klaren Unterschiede fördern Auseinandersetzungen und erschweren somit eine harmonische Ehe. Interessanterweise wählen Kinder aus geschiedenen Ehen oft einen besonders gegensätzlichen Partner aus, was ihr bereits erhöhtes Scheidungsrisiko noch weiter in die Höhe treibt. Mit der stetig ansteigenden Mobilität in der heutigen Gesellschaft nimmt die Anzahl der heterogenen Paare ständig zu, und parallel dazu das durchschnittliche Trennungsrisiko in unserer Gesellschaft. Das alte Sprichwort »Gegensätze ziehen sich an« stimmt zwar, aber dauerhaft glücklicher sind statistisch gesehen »Gleich und Gleich«.

Auch besonders große Altersunterschiede bringen Schwierigkeiten mit sich, weil sie von Natur aus ein Ungleichgewicht an Macht und Erfahrung schaffen. Je größer der Altersunterschied, desto weniger gleichrangig die Partner. Der ältere Partner genießt statistisch gesehen entweder einen vergleichsweise hohen gesellschaftlichen Status oder er ist besonders vermögend oder beides. Um Henry Kissinger noch einmal zu zitieren: »Macht ist das ultimative Aphrodisiakum.« Junge Frauen kompensieren diesen Unterschied oft mit jugendlicher Schönheit, der weiblichen Form von Macht. Eine Annonce aus der New York Times bringt diese Dynamik zugespitzt auf den Punkt. Im Jahr 2007 erklärte eine 25-Jährige, sie suche nach einem Partner, der mindestens eine halbe Million Dollar pro Jahr verdiene. Sie sei auffallend schön und wolle wissen, wie sie sich einen reichen Mann angeln könne. Die Antwort kam prompt von einem Bankier: »Ich habe Ihre Anzeige mit großem Interesse gelesen und mir ernsthaft über Ihr Dilemma Gedanken gemacht. Ihr Angebot ist, für einen potenziellen Partner wie mich, jedoch leider ein schlechter Handel. (…) Sie bieten gutes Aussehen, ich das Geld. Das Problem ist, dass Ihr Aussehen mit dem Alter langsam den Bach runter gehen wird, während mein Vermögen weiter bestehen bleibt. Es ist sogar so, dass mein Geld mit großer Wahrscheinlichkeit immer mehr wird, aber ich kann sogar mit noch größerer Wahrscheinlichkeit sagen, dass Sie in

Zukunft nicht noch schöner werden. Wirtschaftlich betrachtet sind Sie also eine schlechte Geldanlage.« Klare Worte!

Altersunterschied hat mit Machtunterschied zu tun und den gibt es neuerdings vermehrt auch zwischen älteren Frauen und ihren jüngeren männlichen Partnern. Diese bieten reiferen Frauen eine spannendere, spontanere und oft ansehnlichere Alternative zu einem gleichaltrigen Partner. Leider haben beide Versionen eines gemeinsam: Bis auf wenige Ausnahmen sind solche Partnerschaften nur solange stabil, wie das Machtverhältnis erhalten bleibt. Verliert der ältere Partner sein Geld oder seinen Status, ist die Krise oder sogar das Beziehungsaus nicht weit. Natürlich gibt es auch Ausnahmen – vielleicht ist der jüngere Partner intellektuell besonders reif oder der ältere Partner besonders jugendlich. Vielleicht teilen beide Partner eine ähnliche Geschichte, die sie zusammenschweißt. Vielleicht sind sowohl der ältere als auch der jüngere Partner unsicher im Umgang mit Gleichaltrigen und beide Partner fangen unbewusst die Unsicherheit des anderen auf. Wenn beispielsweise ein älterer Mann sich von gleichaltrigen Frauen dominiert fühlt, gleichzeitig seine jüngere Partnerin bei einem Gleichaltrigen Angst hätte, nicht schön genug zu sein, dann passen beide gut zusammen: Er wird im Vergleich zu seiner jungen Frau immer der Starke sein, sie die Attraktive. Ob sie sich auf Dauer viel zu sagen haben, ist eine andere Frage.

Heterogamie spiegelt sich allerdings auch in unzähligen weiteren Unterschieden zwischen den Partnern wider – oft sind es ja genau diese Differenzen, die uns gegenseitig anziehen und eine Partnerschaft spannend machen.

Mich haben beispielsweise Menschen aus fernen Ländern stets mehr gereizt als die aus meinem Heimatort. Ihre andere Art zu denken hat mich immer angezogen. Mein Mann und ich stammten nicht nur aus unterschiedlichen Ländern, sondern auch aus unterschiedlichen Lebens- und Familiensituationen. Ich bin künstlerisch veranlagt, Mike ist ein Ingenieur, der sportliche Wettkämpfe liebt – auch wenn ich es gut finde, dass er Sport mag, bin ich nicht unbedingt die Art von Frau, die ihm Chips und Dip bringen würde. Kurz und gut: Mit Heterogamie kennen wir uns aus.

Natürlich hat es bei uns anfangs öfter gekracht. Ich bin mir sicher, dass die Andersartigkeiten deshalb zu Reibungsfaktoren werden, weil sie Unsicherheiten in uns selbst zum Vorschein bringen. Ich empfand meine Anfangszeit nach unserem Umzug in die USA als große Herausforderung. Sich eine nagelneue Identität aufzubauen, nicht als Tourist, nicht für ein oder zwei Jahre, sondern für immer, ist einfacher gesagt als getan. Wenn die gewohnte Kultur wegfällt, was bleibt dann tatsächlich von einem selbst übrig? Ich empfand diese Erfahrung als absolut heilsam. Zu Hause fühlen wir uns sicher in unserer Persönlichkeit, unseren Werten und Traditionen – aber sobald diese nicht mehr von der Mehrheit um uns herum praktiziert werden, müssen wir uns zum ersten Mal fragen, ob wir sie selbst wirklich vertreten. Oder leben wir sie nur deshalb, weil sie zu unserer Kultur dazugehören und wir das Leben schlichtweg nicht anders kennen. Es ist kein Wunder, dass sich die Auswanderer früher in Städten eigene Stadtviertel aufbauten, um ihre Kultur weiterzuleben. Ohne die vertraute Kultur fühlt man sich fast ein bisschen nackt.

In gewisser Weise geht es den frisch verheirateten Paaren allen so: Um eine neue, gemeinsame Paar-Identität aufbauen zu können, müssen wir uns erst darüber klar werden, welche Teile von uns wir loslassen können und auf welche wir auf keinen Fall verzichten wollen. Doch zunächst einmal halten wir krampfhaft an unserer Kultur, unserer Art Feiertage zu gestalten, Ferien zu genießen, Essen zu kochen, Kleidungsstücke vom Boden aufzuräumen oder den Klodeckel zu schließen, fest, indem wir den anderen kritisieren. Bis wir eines Tages feststellen, dass wir vielleicht etwas überreagiert haben, denn im Grunde können wir bleiben wie wir sind, nur eben auf die wichtigsten und besten Essenzen reduziert – fast wie bei einem Umzug, bei dem man nur die allerliebsten Dinge mitnimmt und den unnötigen Ballast zurücklässt. Im Idealfall geht es unserem Partner ebenso; denn wenn sich nur ein Partner verändern oder vielleicht sogar verbiegen muss, damit die Partnerschaft funktioniert, während der andere keinerlei Kompromisse eingehen will, kann es keine gleichwertige Liebe sein. Allerdings fällt es manchen von uns leichter, mit Veränderungen glücklich zu werden, als anderen.

Ich erinnere mich – heute lachend, damals weinend – an einen Herbsttag, an dem ich, von Heimweh geplagt, mein Raclettegerät auspackte, um einen gemütlichen Abend mit Mike und seinem Bruder zu genießen. Ganz traditionell wollte ich, so wie ich es von meiner Familie kenne, geräucherten Schinken, Kartoffeln und traditionellen Käse dazu servieren. Mike kam auf die Idee, dass man auf so einem praktischen Raclettegerät ja auch andere Sachen kochen könnte, da ihm drei Zutaten schlichtweg zu langweilig schienen. »Wie wäre es«, fragte er unschuldig, »wenn wir eine Art EggMcMuffin darauf braten würden?« Die Anspielung auf die amerikanische Fast-Food-Kette in Zusammenhang mit »meinem« traditionellen Raclette, gepaart mit meinem damaligen Heimweh, war schlichtweg zu viel für mich. Ich beschimpfte ihn lautstark, wie er denn wohl so ignorant sein könne, ein Fast Food-Gericht im selben Satz mit einer uralten Schweizer Tradition zu nennen. Seine typisch amerikanische Reaktion war die Äußerung, dass diese Tradition zwar sehr gut sei, aber noch Verbesserungspotenzial habe. Er fragte sich, warum man denn nicht auch andere Zutaten auf einem so praktischen Gerät kochen könne. Nach einer heißen Diskussion merkte ich, dass er gewissermaßen recht hatte, und wir kamen zu dem Kompromiss, ein paar zusätzliche Fleisch- und Gemüsesorten auszuprobieren, so lange er nie wieder ein »Mc« vor unsere neuen Raclette-Kreationen setzen würde. Natürlich neckt er mich auch heute noch damit.

Heterogame Beziehungen können aber auch Vorteile haben: Sie fordern uns heraus und geben uns Möglichkeiten, unseren Horizont zu erweitern und selbst daran zu wachsen. Ich muss mich fragen, was eigentlich meine Motive waren, einen »andersartigen« Partner zu wählen. Habe ich ihn gewählt, um mich in meinem vertrauten Umkreis als »anders« herauszuheben, also aus einer gewissen Eitelkeit heraus? Dann würde ich mich zwar mit seinem Anderssein schmücken, mich selbst aber nicht wirklich verändern wollen.

Wähle ich unbewusst einen »andersartigen« Partner, um mich mit Gewalt aus meiner Familie loszureißen? Wer sich an jemanden bindet, den die eigene Familie nicht akzeptiert, kann dadurch auch aus seiner Familie »ausbrechen«. Dann wäre das Anderssein nur Mittel zum Zweck, aber wenn dieser erreicht ist, wie kann das Paar danach harmonisch weiterleben? Dann werden die Unterschiede oft zu Reibungspunkten und das Paar kann irgendwann nicht mehr nachvollziehen, wie es sich ineinander verlieben konnte.

Oder habe ich den anderen gewählt, weil das Anderssein mich tatsächlich anspricht und ich die Herausforderungen an meine eigene geistige Starrheit schätze, also eher aus Demut? Dann will ich mich mit der Hilfe des Partners verändern. Dann werden die Auseinandersetzungen zum Spiegel, der mir hilft, mich selbst besser kennenzulernen und verlieren damit ihre Bedrohlichkeit.

Egal aus welchem Grund wir uns diesen »andersartigen« Menschen ausgesucht haben: Es ist sinnvoll, sich immer wieder daran zu erinnern, dass das Anderssein nicht nur ein Streitfaktor ist, sondern gleichzeitig auch ein Auswahlkriterium für den anderen war, das wir mal sehr geschätzt haben.

Ich mag es, dass Mike anders ist als ich. Ich mag, dass er aus einem anderen Land, einer anderen Kultur kommt, dass er andere Interessen hat. Die Paar-Wissenschaftler mögen diese Unterschiede allerdings gar nicht und nehmen hier große Abstriche von unserem gepolsterten Punktekonto vor.

Damit geht es weiter zum nächsten Faktor: Reibungspunkt Nummer sieben ist das Arbeitsverhältnis zwischen Mann und Frau. Hier ist die Literatur nicht ganz eindeutig. Wenn sowohl Mann als auch Frau Vollzeit arbeiten, haben sie einen höheren Lebensstandard und sind in dieser Hinsicht zufriedener. Sie treffen wichtige Entscheidungen häufiger zusammen und fühlen sich gleichwertiger – zwei Faktoren, die zu einer glücklicheren Ehe beitragen. In der Realität sieht es jedoch meistens anders aus. Es haben zwar beide Partner einen ganztägigen Job, doch die Frau muss zusätzlich noch den Großteil der Kinderbetreuung und des Haushaltes organisieren. Frauen sind sich dieser Ungleichheit oft bewusst und entwickeln einen regelrechten Groll auf ihre Ehemänner, der zu häufigen Auseinandersetzungen führt. Besonders schwierig ist die Rollenverteilung, wenn zwar beide gleichwertig arbeiten, der eine Partner aber mehr verdient als der andere. Eine Psychologin erzählte mir von einem Paar, das getrennte Konten besaß – so weit so gut. Der eine Partner war aufgrund seines hohen Einkommens reich, während seine Partnerin regelrecht am Hungertuch nagte und ihren Ehemann immer wieder bitten musste, ihr Geld auszuleihen, um über die Runden zu kommen. Vielleicht gibt es hier eine lange Vorgeschichte, warum dieses Paar seine Finanzen so strikt trennte. Dass die beiden aber eine Therapie in Anspruch nahmen, zeigt deutlich, dass so ein Machtverhältnis und Ungleichgewicht innerhalb der Beziehung auf Dauer schwierig werden kann. Letztendlich bleiben sie zwei getrennte Individuen, die nur zusammen unter einem Dach wohnen.

Eine klare Rollenaufteilung, zum Beispiel in Verdiener und Kinder- bzw. Hausmanager, kann im Vergleich dazu besser funktionieren. Solange beide Partner mit ihrer jeweiligen Rolle zufrieden sind, kann durch diese Aufteilung eine Art Teamgeist entstehen, weil beide sich gegenseitig in ihrer Rolle schätzen und brauchen. Es kann aber auch das Gegenteil eintreten, nämlich dass sich die Partner bei so stark getrennten Lebenswegen auch schneller auseinanderleben. Jedes Ehepaar muss hier selbst entscheiden, welche Arbeits- und Geldsituation für sie am besten funktioniert – oft können wir uns das ja gar nicht aussuchen, denn Rechnungen müssen nun mal bezahlt werden.

Aber Geld ist nicht alles im Leben. Ein stabiler Freundeskreis, die Weitergabe geliebter Traditionen, ein stabiles Zuhause für die Kinder, das gemeinsame Sammeln von Erinnerungen – das alles sind Werte, die unbezahlbar sind, aber leider nicht mit einem spannenden Arbeitstitel gekrönt oder durch ein absicherndes Rentenkonto versorgt werden. Es ist also häufig schwer für eine Mutter, eine gute Entscheidung für sich zu treffen, da sowohl die Vollzeitmutterrolle als auch die Berufstätigkeit viele Vor- und Nachteile mit sich bringt. Egal wie wir Frauen uns entscheiden, früher oder später plagen uns oft Gefühle der Schuld oder Frustration, was sich auch in unserer Ehe widerspiegelt.

Hätten Sie mich gefragt, ob ich meine Vollzeitmutterrolle erfüllend finde, als meine Kinder eins, drei und fünf Jahre alt waren, hätte ich wahrscheinlich Nein gesagt! Würden Sie mich heute fragen, würde ich Ihnen sicherlich mit einem lachenden Ja antworten. Warum? Weil ich sehe, wie sehr meine Kinder es genießen, nach der Schule nach Hause zu kommen, wenn es gerade nach frischgebackenem Kuchen duftet. Weil ich wieder Zeit für meine Hobbys gefunden habe. Weil ich mir darüber klar geworden bin, dass mir momentan ein entspanntes Familienleben mehr bedeutet als eine angesehene Karriere. Als die Kinder klein waren, habe ich häufig mit dem Gedanken gespielt, wieder ins Berufsleben einzusteigen, konnte mir dann aber doch nicht wirklich vorstellen, die Kinder in fremde Hände abzugeben. Meine Mutter war in meiner Kindheit eine solch wichtige Konstante für mich gewesen, die ich genauso auch für meine Kinder sein will – Karriereträume hin oder her. Trotzdem war ich nicht ganz ausgefüllt und habe meiner Frustration sicherlich auch in unserer Beziehung öfter Luft gemacht. Jetzt habe ich Frieden mit unserer Rollenaufteilung geschlossen und ich genieße meine Freiheit und Flexibilität. Da der Stress eines Doppelverdiener-Haushaltes für uns sicherlich belastender wäre als unsere eher traditionelle Arbeitsaufteilung, dürfen wir uns hier, glaube ich, schon ein paar Pluspunkte auf unserem Ehe-Konto gutschreiben. So schlecht schaut es mit uns beiden ja gar nicht aus – ich bin vorsichtig optimistisch.

Beim achten Faktor machen wir weitere Fortschritte – es hat sich nämlich herausgestellt, dass die soziale Integration des Paares einen wichtigen Einfluss auf die Dauerhaftigkeit der Ehe hat. Je mehr Freunde und Familie ein Paar um sich hat, desto stabiler ist die Beziehung, denn dann dreht sich nicht alles nur um zwei Personen. Wir reden hier nicht von den Freunden, die man mal zwischendurch am Telefon erreicht oder von den Verwandten, die man an Allerheiligen auf dem Friedhof trifft. Es geht um regelmäßigen, sozialen Austausch mit Menschen außerhalb der Ehe – gemeinsame sowie eigene Freunde. Bestenfalls hat man nicht nur einen Freundeskreis, sondern mehrere – denn wenn sich ein Freundeskreis verändert, durch Umzug oder Trennung zum Beispiel, bricht nicht sofort die ganze (Freundes-)Welt zusammen.

Als meine erste Tochter geboren wurde, war ich erst kurze Zeit in den USA und fühlte mich zugegebenermaßen ziemlich einsam – so einsam sogar, dass ich im Supermarkt eine deutschsprachige Mutter mit Kind spontan ansprach, ob sie mit mir Kaffee trinken gehen wolle. Diese Frau hat mich dann – vielleicht aus Mitleid – zu einer lokalen, deutschen Kindergruppe mitgenommen. Dieser erste soziale Kontakt hat mir damals einerseits geholfen, mein Heimweh zu überwinden und mich andererseits davon abgehalten, über allen Schwierigkeiten in Stille zu brüten. Mit den Jahren wurde diese deutsche Gruppe leider immer kleiner, da viele Paare nach und nach wieder nach Europa zurückkehrten. Ich habe schnell gemerkt, dass ich mir zusätzlich einen amerikanischen Freundeskreis aufbauen musste, um eine stabile soziale Umgebung für mich und meine Familie zu schaffen. Ich könnte jetzt behaupten, dass dieser Kontakt für Frauen wichtiger sei als für Männer, aber ich habe auch bei Mike festgestellt, dass er seine sporadischen Männerabende und die sozialen Kontakte im Sport als Ausgleich genauso braucht. Es ist ja auch reizvoll, wenn ein Mann eigene Freundschaften pflegen kann.

Soziale Kontakte ermöglichen es uns Paaren, sämtliche Interessen mit verschiedenen Menschen zu teilen. Deshalb müssen wir auch nicht darüber trauern, wenn wir mit unserem Partner den einen oder anderen für uns wichtigen Aspekt nicht leben können. In den eigenen voneinander getrennten Freundeskreisen sammeln wir außerdem Erfahrungen außerhalb unserer Partnerschaft, die zu interessanten Gesprächsthemen innerhalb der Ehe werden können. Wenn Sie wüssten, wie viel ich mittlerweile über Tennis weiß, obwohl ich höchstens zweimal in meinem Leben tatsächlich einen Schläger in der Hand hielt, würden Sie regelrecht staunen. Dank intensiver Lektüre der neuesten Illustrierten kann ich wiederum meinen tennisinteressierten Mann immer mit den aktuellsten persönlichen Hintergrundinformationen zu den Spielern versorgen, wenn es darum geht, ob So-Und-So vielleicht deshalb so schlecht spielt, weil ihn seine Model-Freundin gerade erst für einen spritzigen, südamerikanischen Fußballspieler verlassen hat. Unsere Interessenbereiche können sich wirklich wunderbar ergänzen.

An Familie und freundschaftlichen Kontakten mangelt es uns mittlerweile auch nicht mehr. So kann Mike seine wichtigen Tennis-Konversationen mit seinesgleichen führen, und ich kann mich über neueste Lauf-Trainingspläne mit meinesgleichen unterhalten oder über spritzige, südamerikanische Fußballspieler – je nach Tagesform. Also sehe ich keinen Grund für einen Punktabzug – das wird ja immer besser!

Der neunte und letzte Glücksfaktor ist, ähnlich wie das Heiratsalter, ein zweischneidiges Schwert: die gemeinsam verbrachte Zeit. Je weniger Zeit ein Paar miteinander verbringt, desto instabiler ist die Ehe. Theoretisch gibt es auch den Fall, dass ein Paar zu viel Zeit miteinander verbringt und sich nicht genügend »frische Luft« gönnt. Heutzutage ist dieses Extrem jedoch die Seltenheit. In den allermeisten Fällen verbringen Paare heute weniger Zeit miteinander als je zuvor, und wir reden hier nicht von Familienzeit, sondern von Zweisamkeit – gemeinsamer Zeit, in der sich die Partner ungestört ihrer Ehe widmen, Gedanken austauschen, sich wieder daran erinnern, warum sie überhaupt ein Paar sind. Manchmal verstecken wir uns hinter der Familie: Wir machen Familienausflüge, Familienabende und feiern Familiengeburtstage. Das ist auch alles wunderbar, aber ungestörte Zeit, ganz ohne Kinder, deckt auf, ob wir uns noch austauschen können, ob wir uns noch zum Lachen bringen oder uns unsere Sorgen mitteilen können. Zweisamkeit deckt auf, wie innig unser Zusammengehörigkeitsgefühl als Paar noch ist, oder ob wir vielleicht nur noch die Eltern unserer gemeinsamen Kinder sind. Freundinnen haben mir erzählt, dass sie nach der Kleinkindphase wie aus einem tiefen Gewässer aufgetaucht sind, um festzustellen, dass ihre Ehe nicht mehr dieselbe war – alles hatte sich verselbstständigt und war im Kinderalltag zur Routine geworden. Kein Wunder, dass die meisten Trennungen dann erfolgen, wenn die Kinder gerade aus dem Gröbsten heraus sind. Immer mehr Paare haben das Gefühl, zwar verheiratet, aber trotzdem allein zu sein. Innigkeit, Vertrautheit und ein Zusammengehörigkeitsgefühl, das nicht nur als Familie, sondern als Paar erlebt wird, gehen zu oft verloren. Erinnern Sie sich noch an den Anfang Ihrer Partnerschaft, als Sie einfach nur froh waren, mit dem anderen Zeit verbringen zu können, egal ob Sie ins Theater oder ins Fußballstadion gegangen sind? Jetzt muss Ihr Partner Sie sicherlich mit feuerfesten Argumenten überzeugen, um Sie an einen Ort zu locken, der nicht genau Ihrem Interessensbereich entspricht. Mike ist zum Beispiel nach einem längeren, schweißtreibenden Stadtrundgang nur deshalb mit mir ins Kunstmuseum gegangen, weil er sich auf die dortige Klimaanlage gefreut hat. Ich habe mich nur zu einem Tennisturnierbesuch überreden lassen, weil ich mir zumindest einen ordentlichen Eiskaffee erträumt hatte – den es dort natürlich nicht gab. Gemeinsamen Sport kann ich als Paartherapie übrigens bestens empfehlen, denn danach fühlen sich beide glücklicher, attraktiver und dank Serotonin-Ausschüttung ausgeglichener. Das schafft ein Glas Wein nicht alles auf einmal – da brauchen Sie schon zwei oder drei, und dann wird es ja auch schon teuer.

Ein evangelischer Pastor gibt in einer Rede über glückliche Beziehungen den folgenden Ratschlag: Wir sollen uns immer wieder an alte Zeiten erinnern, an die vielen Kleinigkeiten, die wir für unseren Partner aus Verliebtheit gemacht haben, wie zum Beispiel eine frische Dusche, ein schickes Hemd oder frische Blumen. Außerdem sollen wir Aktivitäten unternehmen, die wir in der Verliebtheitsphase besonders genossen haben. Das alles würde uns helfen, die anfänglichen Gefühle füreinander wieder aufleben zu lassen. Wenn wir uns immer wieder bewusst Zeit zu zweit nehmen, zeigt uns das auch, dass wir uns als Liebespaar noch wichtig sind und nicht nur als Elternpaar.

Schickes Hemd hin oder her – es ist auf jeden Fall ein schönes Gefühl, Zeit mit dem Partner zu verbringen. Wenn es das nicht wäre, wenn Sie merken, dass Sie nur noch über ihre Kinder reden oder über gar nichts mehr, dann wissen Sie zumindest, dass Sie sich über einen Termin beim Ehetherapeuten unterhalten sollten.

Seit Mike von Zuhause aus arbeitet – zu unser beider Erleichterung nicht direkt im Haus, sondern in einem Büro über unserer Garage – sehen wir uns häufig. Während des Mittagessens mit der Familie, für ein kurzes Gespräch in der Küche oder einfach nur so, weil er kurz Hallo sagen will. Ich denke, das gesunde Gleichgewicht zu finden zwischen genügend Freiraum und gleichzeitig genügend Nähe, ist immer ein Balanceakt, der für jedes Paar und jeden Partner ein klein wenig unterschiedlich sein kann. Ich glaube, dass wir unsere persönliche Balance gefunden haben, auch wenn ich von anderen Paaren gehört habe, dass sich die Bedürfnisse nach Nähe und Freiraum verändern können. Somit schließe ich diesen Selbsttest mit einer überraschend positiven Bilanz ab. Wer hätte gedacht, dass zwei so unterschiedliche Partner eine so optimistische Ehe-Prognose haben können.

Trotzdem kann man unsere Beziehung definitiv nicht als ideale Partnerschaft bezeichnen. Aus wissenschaftlicher Perspektive schaut diese nämlich folgendermaßen aus: Es verlieben sich zwei gebildete Menschen, die ungefähr im gleichen Alter sind und aus ähnlichen kulturellen und sozialen Verhältnissen stammen. Beide Partner haben gute Kommunikationsfähigkeiten und stammen aus funktionierenden Elternhäusern. Das Paar heiratet jung genug, um nicht zu viele Liebesenttäuschungen erlebt zu haben und nicht zu spät, um die Ehe nicht desillusioniert zu beginnen. Die Partner haben vor ihrer Ehe nicht zusammengelebt und für beide ist es die erste Ehe. Idealerweise sind sie auch noch religiös. Vielleicht hat das Idealpaar Kinder. Es gelingt ihnen gleichwertig zu arbeiten und trotzdem noch genügend Zeit für Zweisamkeit zu haben. Oder sie folgen der traditionellen Arbeitsteilung, wenn die Mutter in ihrer Rolle glücklich ist und die Macht, zum Beispiel bei finanziellen Entscheidungen, gerecht verteilt ist.

Ich kenne kein einziges Paar, das diesem statistischen Idealbild vollkommen entspricht – Gott sei Dank, denn das Ganze hört sich an wie eine Schlaftablette. Vielleicht ist die ideale Partnerschaft doch nicht so ideal. Entweder erklärt diese Diskrepanz zwischen Ideal und Realität die hohe Scheidungsrate oder die sozialen Faktoren haben doch weniger Einfluss auf eine glückliche und dauerhafte Ehe, als es die Wissenschaftler in ihrer Studie erfassen konnten.

Ich vermute, dass es bei der langen Liebe weniger auf die sozialen Faktoren ankommt als vielmehr darauf, ob ein Paar gelernt hat, diese Reibungspunkte mit ihren psychologischen Stärken zu überwinden. Hätte ich diesen Selbsttest nämlich vor zehn Jahren durchgeführt, wäre er wahrscheinlich ziemlich schauderhaft ausgefallen: wenig gemeinsame Zeit, kein solider Freundeskreis, anstrengende Kleinkindzeit und so weiter und so fort. Wenn das Eheglück also rein nach sozialen Faktoren zu bestimmen wäre, hätte ich mich damals gleich nach einem Paartherapeuten oder im schlimmsten Fall nach einem Anwalt umsehen müssen.

6

Der Prinz entpuppt sich als Frosch: die Sache mit der Trennung

Das musste ja so kommen: Ich schreibe über die Liebe, fühle mich absolut beflügelt, freue mich, wie viel Glück ich doch in meiner eigenen Partnerschaft habe, wie wunderbar unsere Ehe funktioniert, und plötzlich – aus heiterem Himmel – fliegen die Fetzen. Und die fliegen sehr selten. Nachdem ich mich von meinem eigenen Schock erholt hatte, hat meine küchenpsychologische Analyse folgendes ergeben: Die überraschende Nachricht, dass eine unserer Töchter schon wieder mit Läusen nach Hause kam, erreichte mich per SMS in einem Café, wo ich mit meinen Freundinnen abends noch entspannt einen Milchkaffee genoss. Jeder, der schon einmal Läuse aus langen, blonden Haaren entfernen, geschweige denn den gesamten Haushalt auf den Kopf stellen musste, um diesen widerlichen Biestern den Kampf anzusagen, kann sicherlich gut nachempfinden, wie innerhalb weniger Millisekunden mein Gefühl von Entspannung zu Panik umschlug. Doch dann dachte ich, »Kein Problem – mein Mann wird sich der Aufgabe schon stellen.« Eine schnelle SMS zurück: »Bitte schon mal die Haare durchwühlen.« Darauf folgte die etwas weniger entspannte Antwort, ich könne das nach meiner Rückkehr bitte selber machen. An den genauen Wortlaut meiner anschließenden Nachricht kann ich mich nicht mehr erinnern, aber als freundlich konnte man sie sicherlich nicht beschreiben. Gut, es ist generell nicht empfehlenswert, über SMS zu kommunizieren – besonders, wenn wichtige Details aus Tipp-Faulheit ausgelassen werden, wie zum Beispiel, dass man in einer Telefonkonferenz festhängt und sich der Läuseplage deshalb noch nicht widmen konnte. Egal, ich stapfte – nein, marschierte energisch zurück nach Hause, um mit Laus und Ehemann in einem Aufwasch abzurechnen. Nach einer heftigen Diskussion stellte sich heraus, dass mein Mann, wie gesagt, zur Zeit unserer SMS-Kommunikation in einer Telefonkonferenz hing, mir dies aber nicht mitgeteilt hatte und gar nicht verstehen konnte, wie um Himmels Willen ich seine so eindeutige SMS missverstehen konnte. Und überhaupt fragte er sich, warum ich denn so eine schlechte Laune hätte. Ich kann Gott sei Dank berichten, dass jegliche Missverständnisse und Kommunikationsschwierigkeiten im Laufe des Abends beseitigt werden konnten und ich muss gestehen, so unschön ein ordentlicher Streit ist, er bringt Schwung ins Eheleben. Glücklicherweise ist er bei uns ein absoluter Ausnahmefall – leider wird er in vielen Ehen zum Alltag.

Also gut, nehmen wir einmal an, Ihre Ehe gehört dazu. Die Differenzen zwischen Ihnen und Ihrem Partner scheinen unüberwindbar, kein kleiner Problem-Hügel, sondern ein massives Gebirge aus Streit, Groll, Verletzungen und Trauer. Sie haben das gegenseitige Vertrauen verloren und glauben, nicht wieder zueinander finden zu können.

Ihr Traumprinz hat sich als Frosch entpuppt, hat aus irgendwelchen Gründen nicht Ihre Erwartungen erfüllt oder sich einfach plötzlich in eine andere Richtung entwickelt. Vielleicht hat er auch selbst gemerkt, dass er gar kein Prinz ist und lieber Frosch bleiben will. Meine Yoga-Freundin stellte einmal fest,

dass Frauen die Tendenz haben, sich in das Potenzial des Partners zu verlieben und dann enttäuscht und überrascht sind,
wenn dieser sich später nicht so entwickeln will. Der Prinz hat
sich also nicht wirklich als Frosch entpuppt – er war schon immer Frosch, und wir haben es einfach nicht gesehen oder ge-
glaubt, ihn trotzdem zu einem Prinzen machen zu können.

Oder andersherum: Sie haben sich verändert und haben einfach das Gefühl, nicht mehr zusammenzupassen. Sie wollen
eine andere Weggabelung einschlagen als Ihr Partner. Vielleicht
fühlen Sie sich ausgebremst in Ihrem Lebenseifer, wollen andere Prioritäten setzen. Diese Realisierung kann schleichend
oder abrupt eintreten. Sie merken, dass Sie schon lange keine
gute Kommunikation mehr hatten, keinen guten Sex, und die
gemeinsamen Hobbys haben Sie wegen der Kinder aufgegeben.
Was bleibt da noch übrig? Oder hatten Sie mal wieder einen
mächtigen Streit, vielleicht wegen nichts und wieder nichts,
sind selbst ganz verwundert, dass Sie mittlerweile wie auf Eierschalen gehen müssen, um keinen Konflikt auszulösen und
können diese spannungsgeladene Beziehung nicht länger er-
tragen? Sie wollen endlich wieder Frieden in Ihrem Leben, frei
sein, neue Seiten leben, eine Chance haben, die wahre Liebe zu
treffen; denn offensichtlich war es die jetzige doch noch nicht.
Vielleicht glauben Sie auch, nicht für lebenslange Monogamie
geschaffen zu sein und wollen weiterziehen in Ihrem Leben, ein
neues Kapitel aufschlagen.

Wie dem auch sei – Sie spielen mit dem Gedanken der Trennung. Oder Sie werden von Ihrem Partner mit seinen eigenen
Trennungsgedanken konfrontiert. In den meisten aller Ehetren-
nungen konfrontiert er seine Partnerin allerdings mit einer Geliebten. Ehekiller Nummer eins ist und bleibt die außereheliche
Affäre. Frauen stehen Männern mittlerweile um nichts mehr

nach. Schockierende Statistiken behaupten, dass mehr als die Hälfte aller Partner im Laufe ihres Lebens einen Seitensprung begehen – konservative Studien sprechen von mindestens 25 % aller Ehemänner und 10 % aller Ehefrauen. Knallharte Beweise gibt es dafür nicht, aber Paartherapeuten berichten, dass der Hälfte ihrer Fälle ein Seitensprung zugrunde liegt. Die Wissenschaftler Pittman und Wagers gehen sogar davon aus, dass in knapp 90 Prozent aller Erst-Scheidungen eine Affäre mit im Spiel war. Nur körperlicher Missbrauch schadet einer Ehe noch mehr als ein Seitensprung. Wer fremdgeht, verdoppelt sein Scheidungsrisiko sogar im Vergleich zu denjenigen, die »nur« mit Wutanfällen, Geldproblemen oder Alkohol- und Drogenmissbrauch in der Ehe kämpfen.

Ob Gelegenheitsdelikt oder romantische Nebenbeziehung – Affären zerstören eindeutig Partnerschaften. Männer suchen bei einer Affäre meistens nach sexueller Vielfalt, Spannung, sich wieder als Mann zu spüren, ausleben, jung fühlen. Frauen suchen weiterhin nach dem Traumprinzen, nach »Mister Right« und sehnen sich danach, gesehen, verstanden und in ihrer Weiblichkeit gestärkt zu werden, keine Selbstverständlichkeit zu sein – sie suchen nach emotionaler Nähe und Respekt.

Sind die Fremdgeher unter uns Fieslinge, unmoralisch und hinterhältig? Nein, wir sind alle nur Menschen mit Sehnsucht nach emotionaler Nähe. Wir haben Wünsche und wissen um unsere Komplexe. Und meistens haben wir Kommunikationsschwierigkeiten! Eine Scheidungsanwältin erklärt das Problem folgendermaßen: Der eine Partner behauptet, dass die Affäre der Grund für die Trennung sei, der andere, dass die Affäre nur wegen der schlechten Ehe passiert sei. Die meisten Menschen gäben aber eindeutige Zeichen, dass sie sich vernachlässigt fühlen, bevor sie fremdgehen. Sie denken dann irgendwann, dass sie sowieso nicht mehr in einer funktionierenden Ehe sind, also meinen sie, dass die Ehe-Regeln auch nicht mehr für sie gelten. Und so geben sich ansonsten moralische Menschen die Erlaubnis fremdzugehen. Die Psychotherapeutin Frauke Schäfer beobachtet, dass viele Partner entweder nur einen lauwarmen oder aber einen viel zu dramatischen Versuch machen, dem anderen ihre Wünsche mitzuteilen. Wenn der andere ihre Ideen dann nicht sofort aufgreift, ziehen sie sich zurück und fühlen sich missverstanden. Anstatt daran zu arbeiten, Wünsche und Sehnsüchte immer wieder und immer klarer auszudrücken, flüchten sie sich in ihre Wunschvorstellung eines anderen Prinzen, der sie auf Anhieb versteht. Damit treten sie emotional einen Schritt aus der Beziehung heraus, womit die Distanz wächst. Frauke Schäfer erklärt diesbezüglich, dass effektive Kommunikationsstrategien oft zu viel besseren Resultaten führen könnten, wenn Paare lernen, sich auch die Chance dafür zu geben.

Es geht also um Hören und Gehörtwerden, lange bevor die emotionale Nähe abhandenkommt. Leider fehlt uns heutzutage oft die Ruhe und Ausgeglichenheit im Alltag, um uns ganz und gar auf den anderen einzulassen – zu fühlen, wie der Tag gelaufen ist, uns gegenseitig unsere Zukunftsträume zu erzählen und uns spontan liebevoll zu umarmen. Nein, ich meine nicht den flüchtigen Kuss, bevor wir morgens aus dem Haus gehen, sondern einfach so dem anderen zu zeigen, dass wir ihn noch sehen und lieben und seine Nähe spüren wollen. Wie oft bemängeln wir stattdessen unseren Partner, er hätte dies oder jenes falsch gemacht, anstatt ihn für das zu loben, was er besonders gut gemacht hat. Ich weiß, ich weiß – wieso sollen wir unseren Partner dafür loben, dass er die Spülmaschine ausgeräumt hat, wenn wir es schon hunderte Male selbst gemacht haben? Warum sollen wir unseren Partner dafür loben, dass er netterweise die Kinder ins Bett gebracht hat, weil wir mit unseren Freundinnen zum Essen ausgegangen sind, wenn wir unsere Kinder sonst fast täglich selbst ins Bett bringen, während unser Mann nur noch schnell die Sportschau fertig anschauen muss? Nein, logisch ist es nicht, aber einer muss den Anfang machen. Wer weiß, vielleicht lernt unser Partner mit der Zeit, auch Lob auszuteilen, um uns zu zeigen: Ich sehe und schätze dich! Und wer sich geschätzt fühlt, fühlt sich geliebt – und wenn sich eine Frau geliebt fühlt, hat sie viel mehr Lust auf körperliche Nähe!

Es scheint ja fast zu einfach, um wahr zu sein: Frauen sollen ihre Männer loben, damit diese dann wiederum ihre Frauen loben, die dann wiederum mehr Lust auf Intimität haben, wodurch sich unsere Herren der Schöpfung wiederum geliebt fühlen und unsere Beziehung schließlich gesünder wird.

Hört sich machbar an, aber in vielen Partnerschaften will keiner den ersten Schritt machen. Wieso soll ich Lob austeilen, wenn ich nie Lob empfange?

Weil wir keine Kinder mehr sind, weil Sie dieses Buch lesen und nicht Ihr Partner, und weil Sie eine gute Ehe wollen, deshalb!

Aber wir sind anders erzogen worden. Heutzutage haben wir Erwartungen an unseren Partner und es tut unserem Ego gar nicht gut, gegen unseren Stolz zu handeln. Wir Frauen wünschen uns einen perfekten Vater, einen gefühlvollen Mann, der uns die richtigen Geburtstagsgeschenke macht und niemals den Hochzeitstag vergisst, dann aber trotzdem bitteschön den tropfenden Wasserhahn reparieren kann oder die tote Maus im Vorgarten entfernt. Wir wollen also eine romantische Komfortbeziehung und sind erstaunt, dass wir plötzlich den unrasierten, unkonventionellen Sportlertyp von nebenan so ungemein sexy finden. Die Forderungen an uns Damen sind aber auch nicht besser: Viele Männer wünschen sich eine Art Ersatzmutter, die kocht, bügelt und sicherstellt, dass das Klopapier nicht ausgeht – die dann aber idealerweise nachts zur Sexbombe mutiert. Also sind wir beide enttäuscht, wenn der Mann sich zwar an den Hochzeitstag erinnert, aber keine Ahnung von Wasserhähnen hat, oder die Frau zwar die Leibspeise kocht, aber sich im Bett nicht zur Femme Fatale verwandelt.

Die Psychologin Lysle Betts erzählte mir von einem allzu häufigen Szenario: Einer der Partner hat Wünsche an die Beziehung, traut sich aber nicht, sie dem anderen mitzuteilen – aus Angst, dem Partner damit weh zu tun oder abgelehnt zu werden. Stattdessen geht er den scheinbar leichteren Weg: Er beginnt eine Affäre. Das macht von außen betrachtet natürlich überhaupt keinen Sinn, denn wenn die Nebenbeziehung auffliegt, ist die Verletzung ja viel größer. Aber seltsamerweise glauben die meisten Fremdgeher nicht, dass sie jemals ertappt werden. Also versuchen sie, ihre Wünsche außerhalb der Beziehung mit einer anderen Person zu leben.

Konflikten aus dem Weg zu gehen, die besprochen werden müssten – ich spreche hier nicht vom Klo- oder Zahnpastadeckel – ist zwar kurzfristig angenehmer, aber nie besser, denn: Wer sich niemals reibt, hat zwar äußerliche Harmonie, aber keine wirkliche Nähe. Und wer keine emotionale Nähe hat, hat auch irgendwann keine körperliche Nähe mehr, und wenn beides verlorengegangen ist, sind die Weichen eindeutig auf Untreue und Trennung gestellt. Kein Wunder also, dass so viele Fernbeziehungen à la Hollywood irgendwann scheitern – die wenige Zeit, die man zusammen verbringt, will man nicht mit Auseinandersetzungen füllen, also wird die Partnerschaft mit der Zeit immer oberflächlicher, eindimensionaler und irgendwann ist man sich seelisch und körperlich fremd. Ohne Offenheit, Austausch und innere Nähe machen sich Partner austauschbar, denn Oberflächlichkeit kann man mit jedem x-beliebigen anderen auch leben. Warum wechseln wir dann überhaupt? Weil wir beim neuen Partner noch die Illusion haben, wir könnten wieder Nähe spüren, während wir mit dem »alten« Partner dieser Illusion nicht mehr hinterherjagen. Über kurz oder lang kann dieser Weg aber nicht zum Ziel führen, denn wir meinen fälschlicherweise, mit dem Partner keine Nähe mehr zu spüren, weil sie einfach abhandengekommen ist, anstatt zu erkennen, dass Nähe nur da sein kann, wenn wir uns aktiv darum bemühen.

Bei einer Affäre haben aber alle drei Beteiligten dasselbe grundlegende Problem: Ihnen fehlt der Mut, wirkliche Nähe zu leben, ihr Innerstes zu offenbaren, auch mit dem Risiko abgelehnt zu werden. Nehmen wir einmal an, ein Ehemann betrügt seine Frau – er will sich seine Wünsche und Sehnsüchte erfüllen und hat das Gefühl, diese nicht innerhalb der Partnerschaft leben zu können. Vielleicht wurde er schon zu oft abgewiesen oder kritisiert, sodass er sich nicht mehr traut, offen zu sprechen. Vielleicht ist der Druck, als Vater und Ernährer seine eigenen Wünsche zurückzustellen, zu groß geworden, vielleicht spürt er auch die unausgesprochenen Erwartungen seiner Partnerin und fühlt sich in ihrer Nähe nicht gut genug – nicht mehr Mann genug. Vielleicht war es ihm auch einfach zu langweilig in der Ehe, er steckt in einer Lebenskrise und genießt die Spannung, die die Affäre in sein routiniertes Leben bringt. Er fühlt sich wieder lebendig und sprüht vor Energie.

Peter ist Anfang 50 und seit knapp 20 Jahren verheiratet, Vater von zwei Kindern. Er bezeichnet die Beziehung zu seiner Frau als »schlicht«. Viele Streitigkeiten hätten sie nicht, aber er meint, das liege hauptsächlich daran, dass er ein ziemlich ausgeglichener Typ sei und sich bei Meinungsverschiedenheiten eher still verhalte. Manchmal hätten er und seine Frau schon noch Sex, aber ohne dabei viel Leidenschaft oder Leichtigkeit zu empfinden. Und plötzlich lief ihm diese junge Frau über den Weg, die ein regelrechtes Feuer in ihm entfachte. Er könne gar nicht mehr aufhören an sie zu denken. Sie sprühe vor Lebendigkeit und sei voller Energie. Jetzt plagt ihn das Gewissen, ob er den Kindern zuliebe seine fade Ehe »durchleiden« soll oder seinen leidenschaftlichen Gefühlen für diese neue Frau längerfristig nachgehen soll.

Eine betrogene Frau hat ihren Partner womöglich schon oft bemängelt oder keine wirkliche Nähe zugelassen. Vielleicht hat sie nicht verstanden, dass seine Sprache der Liebe anders ist als ihre. Vielleicht nutzt sie Sex nur als Machtmittel oder sie steckt gerade selbst in einer Lebenskrise und hat schon seit Monaten oder Jahren keine Lust mehr auf Intimitäten. Vielleicht hat er es ihr nicht leicht gemacht, ihn zu lieben, vielleicht hat er nicht ihre Sprache der Liebe gesprochen.

Eine Frau erzählt, wie die Zärtlichkeiten zwischen ihr und ihrem Mann im Laufe ihrer Ehe immer mehr abgenommen hätten. Er habe sich ihr gegenüber regelrecht wie ein Kind benommen, sie damit total genervt. Obwohl er sehr ehrlich und umsorgend gewesen sei, hätte sie dieses kindliche Verhalten einfach unattraktiv gefunden und daraufhin keine Lust mehr auf Intimitäten gespürt.

Was ist eigentlich mit der Dritten im Bunde? Sie weiß, zumindest unbewusst, dass sie sich niemals wirklich mit Partnerschaftsproblemen auseinandersetzen muss. Sie ist nur für den

Spaß zuständig, für die Leichtigkeit, das Ungebundene. Sie bekommt die Anerkennung und die entspannte, humorvolle Seite des Mannes zu spüren, die der Ehefrau jetzt vorenthalten wird. Sie wird umworben, hat keine familiäre Verantwortung; mit ihr hat der Mann noch keine Probleme, spürt keine Schwere. Im Kontrast dazu ist die Rolle der Ehefrau nun reine Routineangelegenheit geworden – Kinder, Haushalt, vielleicht auch den Beruf organisieren, Termine absprechen. Intimität und Spontanität wurden nach außen verlagert. Keiner lebt hier wirkliche Nähe, und alle haben Angst davor.

Claudia hat eine Affäre mit einem verheirateten Arbeitskollegen. Es sei eine unglaublich leidenschaftliche und spannende Erfahrung in ihrem Leben. Sie hätten sich am Arbeitsplatz kennengelernt und sehen sich auch auf seinen Wunsch hin ausschließlich dort. Sie sagt, sie wisse, dass sie ihn niemals haben könne, aber sie genieße die kurzen Momente, die sie zusammen verbringen, zu sehr, um der Beziehung ein Ende zu setzen.

Wenn Frauen fremdgehen, suchen sie in den meisten Fällen wieder nach emotionaler Verbundenheit. Eine Frau will von ihrem Partner erobert werden, aber nicht nur einmal, sondern immer wieder. Ein Mann sieht das anders: Er hat seine Frau einmal erobert und damit ist die Sache für ihn klar. Seine Frau wundert sich aber, wie ein und derselbe Mann früher die romantischsten Liebesbriefe schreiben konnte und jetzt jeden Hochzeitstag vergisst. Gleichzeitig trauert sie darum, dass ihre Schönheit in der Gesellschaft ein unaufhaltsames Verfallsdatum hat. Die Kleinkindphase hat von ihrer Ehe viel abverlangt und plötzlich spürt sie einen Drang nach Lebendigkeit, nach einem neuen Lebensabschnitt. Sie will sich wieder attraktiv fühlen, die Energie der jungen Liebe noch einmal genießen, bevor es zu spät ist. Zuhause bekommt sie keine Komplimente mehr, keine spontanen Umarmungen, wird nicht mehr umworben. Da ist Schwere und Langeweile.

Vielleicht steckt sie sogar in einer tiefen Lebenskrise, ist depressiv, unglücklich und meint, sich mit einem Liebhaber durch ihre dunkle Zeit trösten zu können. Vielleicht fühlt sie sich einsam in ihrer Ehe und sucht Kontakt und Zärtlichkeit. Und plötzlich taucht dieser Mann auf, der ein Feuer in ihr entfacht, sie zum Lachen bringt, sich für sie interessiert. Sie fühlt sich wieder gesehen und geliebt. Frauen, die fremdgehen, erzählen, wie gut es sich anfühlt, von einem anderen Mann wahrgenommen zu werden, wie sie die Romantik, Leidenschaft und Spannung genießen, die ihnen in ihrer eigenen Ehe fehlten. Sogar die Tatsache, dass sie ein kleines Geheimnis hüteten, von dem nur sie und ihr Liebhaber etwas wussten, war für einige Frauen ein wichtiges Element der Affäre.

Aber wir dürfen uns keine Illusion machen – die besondere Leidenschaft in einer Affäre entstammt nicht der Wirklichkeit, sondern dem sogenannten »Romeo-und-Julia-Effekt«: Die Gefühle füreinander sind immer dann besonders intensiv, wenn eine Beziehung verboten ist oder wenn das Paar große Hindernisse überwinden muss, um zusammensein zu können. Affären scheinen also von Natur aus leidenschaftlicher und tiefgründiger zu sein, weil die Partner sich tatsächlich anstrengen müssen, um sich treffen zu können – beim Ehepartner genügt es ja bereits, die Haustür zu öffnen. Die Monotonie des Ehealltags kann natürlicherweise mit der Spannung einer heimlichen Liebesbeziehung nicht mithalten.

Aber nach der Ekstase einer Affäre kommt, was kommen muss: eine Lawine an Schuldgefühlen und Schmerzen, dicht gefolgt von einem Gefühlschaos der Extraklasse und Erklärungsversuchen, wie um Himmels Willen dieser Schlamassel überhaupt passieren konnte. Sie seien doch eigentlich keine schlechten Menschen, wollten doch nur ihre Bedürfnisse stillen, es hatte einfach so viel Spaß gemacht, dass sie sich nicht vom anderen losreißen konnten. Sie wollten doch niemandem wehtun. Egal wie viele Geschichten von Fremdgehern, Liebhabern und betrogenen Ehepartnern ich recherchiert habe: Die Schuld und der Schmerz, die eintreten, wenn Fantasie und Wirklichkeit miteinander kollidieren, sind immer enorm.

Louise ist Mitglied eines Internet-Forums zur Verarbeitung der eigenen Trennungsgeschichte. Sie erzählt von der tiefen Enttäuschung, die sie spürte, als sie festgestellt hatte, dass ihr Mann sich in einer schwierigen Ehe-Phase einer anderen Frau zuwandte: »Das Wort Scheidung existierte eigentlich gar nicht in meinem Wortschatz! Für mich galt ein Eheversprechen für immer und ewig. Für meinen Mann und mich war die Ehe etwas Heiliges, das man nicht leichtfertig begann oder beendete. Und es sah auch tatsächlich so aus, als ob wir diese Vision unserer Ehe und unseres Familienlebens genau so leben würden, wie ich es mir immer vorgestellt hatte. Unser Glück dauerte knapp zwölf Jahre an, bevor sich die ersten Risse in unserer Beziehung bemerkbar machten. Es gab mehrere Gründe, warum unsere Partnerschaft nach und nach den Bach hinunter ging, bis wir uns irgendwann kaum mehr berührten, nur noch nebeneinanderher lebten und sich mehr und mehr Ärger anstaute. Meine Lösung für diese Krise war, eine Therapie zu machen – mein Mann hingegen »löste« sie, indem er mit einer Kollegin ins Bett hüpfte. Ich dachte, mich trifft der Blitz, als ich vier Monate später davon erfuhr. Ich spürte einen solchen Schmerz, eine qualvolle Mischung aus Verrat, Verlassenheit, Hoffnungslosigkeit und dem Gefühl, einfach ausgetauscht worden zu sein. Meine Welt brach zusammen. Mein Lebenspartner seit gut vierzehn Jahren, Vater meiner zwei Kinder, sagte einfach: »Es ist vorbei. Du bist nicht gut genug. Ich will eine neue Frau.« Am Anfang war ich komplett überrollt von meinem Gefühl, nicht liebenswert genug zu sein, als Frau und als Ehepartnerin.«

Louises Mann glaubte, das tiefe Loch, das wir alle in persönlichen Krisenzeiten in uns spüren, mit der Hilfe einer anderen Frau überdecken zu können, anstatt sich dieser Leere zu stellen.

In diesem Zusammenhang erzählte ich Mike stolz von meiner großen Erleuchtung: Wenn wir uns zu jemandem hingezogen fühlen, erklärte ich ihm, dann können wir uns fragen, was genau der andere in uns anspricht und lebendig macht. Anschließend können wir uns den Wünschen und Sehnsüchten, die der andere in uns geweckt hat, wieder neu zuwenden. Ein Beispiel dafür: Eine junge Frau liebt Konzerte und träumte als Jugendliche insgeheim davon, auch auf der Bühne im Rampenlicht zu stehen. Wie so viele Träume wich auch dieser der Realität und sie schenkte ihm jahrelang keinerlei Beachtung, bis ihr eines Tages ein Musiker über den Weg lief, der ihre Neigung zur Musik neu aufflammen ließ. Sie hatte schon ganz vergessen, wie sehr sie früher die Musik liebte, und ihr Partner war daran nie besonders interessiert.

Glücklich erklärte ich Mike meine praktische Lösung für dieses Dilemma: Anstatt ihre Ehe in Gefahr zu bringen und von einer romantischen Beziehung zu dem Musiker zu träumen, könnte sie einfach ihren eigenen musikalischen Neigungen wieder mehr Wert geben. Die Tatsache, dass sie diese Talente an dem anderen so interessant und spannend findet, könnte sie als Antrieb dafür nehmen, um ihre eigenen vergrabenen Leidenschaften wieder zum Leben zu erwecken. Damit wird die andere Person zum Spiegel ihrer selbst, anstatt zum angehimmel-ten, heimlichen Liebesobjekt.

Ich war so begeistert von meiner einfachen Lösung und fragte Mike nach seiner Meinung. Er dachte kurz nach und antwortete dann schlicht: »Das mag vielleicht für Frauen so sein, aber für Männer funktioniert das nicht!« Er hat recht: natürlich ist dieser Lösungsvorschlag ein weiblicher, weil Frauen sich nach emotionaler Einheit sehnen, die dann die Leidenschaft entfacht. Männer gehen den umgekehrten Weg und glauben, dass sie emotionale Einheit durch Leidenschaft erlangen können.

Aber natürlich sind Affären bei weitem nicht die einzigen Trennungsursachen – oft sind sie nur ein einzelnes Symptom in einer Kette von Problemen, die sich über die Jahre angesammelt haben. Ein Therapeut erzählte mir, dass die meisten Paare, die seine Hilfe nach einer Affäre in Anspruch nehmen, schon mindestens seit sechs Jahren in einer Ehekrise steckten. Oftmals seien die Probleme dann schon so tief verankert, dass die Trennung trotz Therapie nicht mehr abzuwenden sei.

Zu den Top Ten der Scheidungsgründe gehören außerdem Kommunikationsprobleme, psychischer oder körperlicher Missbrauch, finanzielle Probleme, sexuelle Differenzen, unerfüllte Kinderwünsche aufgrund von Unfruchtbarkeit, Langeweile in der Ehe, religiöse oder kulturelle Spannungen, Erziehungsfragen, Suchtprobleme und unterschiedliche Erwartungen und Prioritäten im Leben.

Eine Frau erzählte mir, wie sich ihr Mann im Laufe der Ehe plötzlich zum Alkoholiker entwickelte. Keine Arbeitslosigkeit, keine Eheprobleme, keine einschneidenden Erlebnisse, die den Alkoholismus hervorriefen. Ihm schmeckte der Alkohol zu gut, veränderte plötzlich sein Verhalten und machte ihn zu einem anderen Menschen. Nachdem er jegliche Therapie ablehnte, sah sie keinen anderen Weg, als sich zum Schutz ihrer Kinder zu trennen. Sie trauert immer noch um die Familie, die sie mit ihm hatte, und fragt sich, warum er diesen selbstzerstörerischen Pfad einschlagen musste und damit ihre gemeinsame Zukunft willentlich zerstört hat.

Ein Mann verspielte mit seiner unverantwortlichen Art, mit Geld umzugehen, seine Ehe. Nach außen verkörperte er das Bild des erfolgreichen Geschäftsmanns, während er in Wirklichkeit am finanziellen Ruin stand. Nachdem seine Partnerin vom Finanzamt mit seinen hohen Steuerschulden konfrontiert wurde, musste er Bankrott anmelden. Obwohl die finanzielle Situation die Ehe sicherlich strapazierte, war es die Falschheit, die sie am Ende zerstörte.

Ja, es gibt eindeutig Gründe, warum eine Trennung unausweichlich ist – zum eigenen Schutz, zum Wohl der Kinder oder weil das Vertrauen zwischen den Partnern unwiderruflich geschädigt ist. Doch in den meisten Fällen geht es neben schlechten Kommunikationsmethoden um etwas ganz anderes: eine fehlende Partnerschaftsvision.

Das Wir-Gefühl hat in den letzten Jahrzehnten in Beziehungen stetig abgenommen. Wir sind zwei Individuen, die zwar zusammen und doch alleine sind: Eigene Konten, eigene Autos, eigene Karrieren, in Zweitehen oft sogar eigene Kinder. Es ist uns praktisch in die Wiege gelegt worden, unseren individuellen Weg zu gehen und unseren eigenen Wünschen zu folgen.

Selten fragen wir uns, wie wir als Paar leben und was für eine Partnerschaft wir eigentlich führen wollen. Häufiger lautet die Frage, ob die Partnerschaft uns persönlich so erfüllt, wie wir es uns erhofft hatten, also eine rein passive und individuelle Perspektive. Was für eine Partnervision hat der Fremdgeher, der Alkoholiker oder der Verschuldete? Welche Partnerschaftsvision haben Sie? Leben Sie so, dass sich Ihre Partnerschaftsvision erfüllen kann? Jedes Mal, wenn der Fremdgeher seine Liebhaberin trifft, geht er einen Schritt aus seiner Ehe heraus, entfernt sich von seiner Partnerschaftsvision einer erfüllenden, liebevollen Beziehung zu seiner Frau. Jedes Mal, wenn der Alkoholiker betrunken nach Hause kommt, geht er einen Schritt aus seiner Ehe heraus, weil sich seine Frau von ihm distanziert. Jedes Mal, wenn der Verschuldete etwas kauft, wofür er das Geld eigentlich nicht hat, geht er einen Schritt aus seiner Ehe heraus, weil er aus einem Ego-Komplex heraus handelt und die gemeinsamen finanziellen Ressourcen aufs Spiel setzt. Es muss nicht einmal so extrem sein: Jedes Mal, wenn wir ein Problem unter den Teppich kehren und nicht offenlegen, gehen wir einen Schritt aus unserer Ehe heraus. Das kenne ich auch, denn Konflikte machen keinem Spaß, mir auch nicht. Ich habe jahrelang ungern Probleme angesprochen und dann irgendwann gemerkt, wie ich in mir ein regelrechtes emotionales Minenfeld aufgebaut hatte. Kennen Sie das auch? Und wenn es dann plötzlich zum Streit kommt, wird der arme Partner unverhofft mit einem so gewaltigen Minenhagel bombardiert, dass er gar nicht mehr weiß, worum es anfangs eigentlich ging. Und wir selbst wissen es auch nicht mehr. Also besser gar nicht erst unter den Teppich kehren, sondern gleich ansprechen und im Sinne der Partnervision eine Lösung finden, die für beide funktioniert.

Aber oft schaffen wir das nicht und vergeuden unsere Zeit mit oberflächlichen Schuldzuweisungen – er habe dies und jenes nicht gemacht, deshalb musste sie dann so oder so handeln, und nach ein paar Monaten oder Jahren haben wir so viel Groll angesammelt, dass für manche Paare kein Weg mehr zusammenführt.

Vielleicht war aber auch noch nie eine gemeinsame Vision vorhanden und der Streit zwischen Paaren ist das einzige Bindeglied, das sie noch zusammenhält. Haben Sie manchmal das Gefühl, als ziehen Sie und Ihr Partner an zwei unterschiedlichen Strängen? Vielleicht haben Sie beide verschiedene Vorstellungen davon, wie Ihre Ehe aussehen soll. Die Therapeutin Lysle Betts erklärte es mir folgendermaßen: »Partner heiraten aus unterschiedlichsten Gründen, und manchmal stimmen diese Gründe nicht überein. Nehmen wir beispielsweise die Ehe von Prinz Charles und Lady Diana – für ihn stellte diese Ehe wohl eher eine soziale Identität dar, eine repräsentative Frau war ihm in seiner Stellung wichtig. Lady Diana war womöglich eine Romantikerin, wollte ihren Mann wirklich lieben und wurde natürlicherweise zutiefst enttäuscht, denn diese zwei unterschiedlichen Prioritäten konnten in ihrer Beziehung nicht unter einen Hut gebracht werden.«

Und selbst wenn die Beziehungsvision gleich ist, gibt es ja auch noch folgendes Problem: Einer gibt immer mehr! Oder vielleicht sollte man es anders sagen: Ein Partner setzt weniger starre persönliche Grenzen als der andere. Noch deutlicher: Einer lässt mehr mit sich machen!

Dafür kann es zwei Gründe geben: Entweder hat der eine Partner eine klarere Partnerschaftsvision als der andere und geht deshalb mehr oder sogar zu viele Kompromisse ein, um diese Vision zu erhalten. In einer Familie ist es häufig die Mutter, die ihre Hobbys dem Familienalltag opfert, damit der Kinderalltag reibungslos läuft, während Väter oft nur zögerlich ihre eigenen Interessen hinter die Familieninteressen stellen.

Der andere Grund kann sein, dass einer der Partner das Gefühl hat, einen besonders guten Fang gemacht zu haben und glaubt, so jemanden wahrscheinlich nicht wieder an Land ziehen zu können. Unbewusst wird er mehr von sich aufgeben, um die geliebte Person nicht zu verlieren – seine persönlichen Grenzen werden dehnbarer, er akzeptiert Verhaltensweisen, die er normalerweise nicht gutheißen würde. Leider hat sein Verhalten nicht den erhofften Effekt: Je mehr die Persönlichkeit des einen Partners verschwimmt, je anhänglicher und unsicherer er wird, desto weniger Respekt und Liebe wird seine Partnerin für ihn empfinden. Sie wird anfangen, ihn auf die Probe zu stellen – zu testen, bis zu welchem Punkt er bereit ist, seine eigene Selbstachtung aus Liebe zu ihr aufzugeben. Unbewusst will die Partnerin seine Grenze spüren oder ihn sogar so weit bringen, dass er die Trennung einleitet, damit sie es nicht machen muss. Die Therapeutin Linda Young erklärt in einem Artikel das Paradox, das diesem Gefühls-Durcheinander folgt: »Zuerst fühlt sie sich schuldig, wird dann aber komischerweise wütend auf ihn, weil sie sich wegen ihm schuldig fühlt. Irgendwann kann sie den Fußabtreter, zu dem er geworden ist, nicht mehr ausstehen und beendet die Beziehung.«

Warum hat sie sich überhaupt auf eine unausgeglichene Partnerschaft eingelassen, in der sie wissentlich die Dominierende ist? Weil sie damit mehr Kontrolle in ihrer Beziehung ausüben kann. Oft hat eine solche Partnerin selbst mit Minderwertigkeitsgefühlen zu kämpfen und fürchtet, von einem gleichwertigen Partner verlassen zu werden – eigentlich hat sie Angst, in ihrer eigenen Minderwertigkeit ertappt zu werden. Mit einem schwachen Partner fühlt sie sich sicherer und stärker. Aber irgendwann ist selbst diese Sicherheit nicht mehr genug, um die mangelnde Liebe auszubalancieren. Der Partner versucht verzweifelt sich so zu verhalten, dass er in ihren Augen liebenswert ist, dass sie ihn zu lieben lernt. Dieser Versuch kann aber nur scheitern, da sie zuerst lernen muss, sich selbst zu lieben.

Kommunikationsprobleme, Mangel an emotionaler und körperlicher Nähe, Groll – es kommt also zur Trennung, und wir haben keinerlei Ahnung, was uns erwartet. So unkompliziert und einfach, wie es uns die Promis in den Medien vorgaukeln, sind Scheidungen nämlich nicht. Ein paar Jahre Ehe, Kinder, plötzlich unüberbrückbare Differenzen, Scheidung scheinbar ohne finanzielle Einbußen oder Karriereknick, und natürlich weiterhin gut befreundet mit dem Ex – schön wär's! In der Realität sieht es anders aus. Die Konsequenzen einer Scheidung sind weitreichend und nachhaltig. Auf einer Skala der schlimmsten Ereignisse im Leben eines Menschen steht Scheidung auf zweiter Position – noch schlimmer ist nur noch der Tod einer geliebten Person.

Sebastian, Mitte 40, wurde von seiner Frau verlassen. Immer noch überrascht und verunsichert beschreibt er seine neue Situation: »Meine Frau hat mich nach 15 Jahren Ehe verlassen. Wir hatten keine der üblichen Eheprobleme, haben uns einfach auseinandergelebt. Ich hatte aber weiterhin die Hoffnung, dass wir nochmal zusammenfinden würden und hatte keine Sorge, dass wir uns jemals tatsächlich trennen, weil wir uns während unserer Ehe immer wieder vehement dagegen ausgesprochen haben. Aber dann ist sie doch gegangen – ganz plötzlich und ohne Vorwarnung. Sie wollte weder über Alternativen mit mir reden noch an einer Ehetherapie teilnehmen. Eines Tages schnappte sie sich einfach die Kinder, fuhr in ihrem Auto davon und reichte die Scheidung ein. Die ersten Monate danach stand ich regelrecht unter Schock. Die Trauer hat mich einfach überwältigt. Ich liebe meine Kinder über alles und fühle mich jetzt in meiner Vaterrolle total beraubt. Ich wollte ihnen ein Wegweiser im Leben sein. Jetzt bin ich nur noch ein Pseudo-Papa, der jedes zweite Wochenende auftaucht. Es bricht mir jedes Mal das Herz, wenn ich wieder Abschied nehmen muss. Ich darf nicht mehr miterleben, wie sie jeden Tag etwas Neues lernen. Sie wohnen jetzt gut zwei Stunden von mir entfernt und ich gebe mir alle Mühe, zu jedem ihrer Fußballspiele und Chorkonzerte zu kommen; auch wenn ich jedes Mal heule, wenn ich wieder heimfahre oder wenn ich sie nach einem Wochenende bei mir wieder zu ihrer Mutter zurückbringen muss.«

So oder ähnlich hören sich viele Trennungsgeschichten an: Eigentlich ist man recht glücklich verheiratet, ja vielleicht durchlebt man gerade ein schwierige Phase, aber zumindest einer der Partner denkt gar nicht über Trennung nach und fällt plötzlich aus allen Wolken, wenn er vom anderen Partner vor vollendete Tatsachen gestellt wird. Manchmal spüren auch beide, dass ihre Ehe sie nicht mehr erfüllt, aber jeder lebt einfach seinen Alltag stur vor sich hin, ohne die Probleme konkret anzugehen. Irgendwann haben sich beide so in der Ehe verfestigt, dass alle Gefühle füreinander ausgetrocknet sind. Zu spät, um eine Therapie zu beginnen, zu viel Groll, um genau zu wissen, was eigentlich das Problem war. Einer der Partner hat entschieden, dass er ohne den anderen glücklicher ist, hat die Freiheit gerochen und will nicht mehr zurück. »Nach mir die Sintflut!« sozusagen, und die kommt garantiert – die finanziellen Probleme und verunsicherten Kinder, die eine Trennung meistens mit sich bringt, haben mit Freiheitsgefühl nicht mehr viel gemein.

Ist es das wert? Können wir unsere verborgenen Wünsche und Träume wirklich nur mithilfe eines anderen Menschen in uns wachrütteln und ausleben? Schaffen wir es als zwei erwachsene Personen tatsächlich nicht, unsere Worte bei heißen Diskussionen mit Blick in die Zukunft vorsichtiger zu wählen? Sind Alkohol, Drogen oder auch Geld wirklich so wichtig, unsere Ehe und Familie aufs Spiel zu setzen? Ja, für manche ist eine Trennung ein absoluter und gerechtfertigter Befreiungsschlag – für viele bedeutet er allerdings Einsamkeit, Schuldgefühle und finanzieller Stress.

Gerade Eltern unterschätzen die Auswirkungen einer Trennung auf ihr Familienleben. Bei jedem Streit, den wir nicht schlichten, sollten wir uns an Sebastian erinnern, der plötzlich zum Pseudo-Papa herabgestuft wurde, zum Wochenend-Spielgefährten. Feiertage mit den Kindern werden dann wie Waren verhandelt – wenn der eine Weihnachten mit den Kindern feiern darf, will der andere Ostern mit ihnen verbringen. Wer wird mit ihnen in den Urlaub fahren, wo werden sie hauptsächlich wohnen, ihre Freunde haben und zur Schule gehen? Sie wollen mit den Kindern umziehen? Das muss erst mal mit dem Ex-Partner oder sogar mit dem Scheidungsgericht diskutiert werden. Falls während der Ehe nicht beide berufstätig waren, ist die Jobsuche nach einer Trennung finanziell oft unumgehbar – aber wer passt auf die Kinder auf? Die Freiheit, gehen zu können, seine Probleme nicht zwingend lösen zu müssen, hat einen hohen Preis – und den muss nicht nur die eigene Generation zahlen.

7

Mit verbundenen Augen
nach Liebe suchen –
Die nächste Generation

Samuel, Anfang dreißig, schreibt sich in einem Internetforum die Scheidungsgeschichte seiner Eltern von der Seele:

»Ich kann nicht genau sagen, wie sich die Scheidung meiner Eltern auf mich ausgewirkt hat. Ich bin jetzt knappe Dreißig und meine Eltern trennten sich, als ich gerade sieben war. Ich erinnere mich nur noch vage: Meine Eltern saßen mit mir und meinem neunjährigen Bruder am Küchentisch, als sie uns erzählten, dass wir in Zukunft nicht mehr als Familie zusammenleben könnten, weil sie nicht mehr miteinander auskämen. Ich erinnere mich daran, wie ich sie anflehte, dass mein Vater doch bitte bei uns bleiben sollte. Mein Bruder und ich könnten auch in unsere Zimmer verschwinden und die Türe schließen, während sie sich stritten.

Ich erinnere mich noch an die vielen Besuche bei meinem Vater in seiner neuen, kleinen Wohnung. Ich habe mich ihm nie so nah gefühlt wie meiner Mutter. Irgendwie fühlte ich mich auch von ihm verlassen, als ob wir nicht mehr erwünscht wären, als ob er lieber weiterziehen und eine neue Familie finden wollte. Mein Bruder hatte danach verschiedenste Probleme. Er hat das Leben meiner Mutter zur Hölle gemacht und wollte unseren Vater für einige Jahre gar nicht mehr sehen. Meine Mutter musste nach der Scheidung ständig arbeiten – oft sogar in mehreren Jobs auf einmal. Ich hatte das Gefühl, mich um den Haushalt und meinen Bruder kümmern zu müssen. Ich sorgte mich auch um meine Mutter, weil sie so viel um die Ohren hatte, und übernahm das Putzen und Kochen. Außerdem sah ich, wie viel Ärger mein Bruder machte, also strengte ich mich besonders an, der »brave Sohn« zu sein. Ich war zwar gut in der Schule, aber um ehrlich zu sein, war ich immer ein Einzelgänger. Ich hatte immer Angst davor, was andere von mir dachten. Jetzt bin ich selbst seit acht Jahren verheiratet und habe zwei Kinder. Unsere Ehe hat ihre Höhen und Tiefen, aber wenn man aus einer Scheidungsfamilie kommt, fühlt man sich besonders unter Druck gesetzt, weil man die Vergangenheit nicht noch einmal wiederholen will.

Ich fühle mich immer noch als Außenstehender, als Eigenbrötler, weiß aber nicht, wie ich darüber hinwegkommen soll. Die vielen Veränderungen nach einer Scheidung sind hart. Es ist und bleibt eine emotionale Achterbahn, egal wie alt jemand zum Zeitpunkt der Scheidung ist.

Ich versuche das Positive aus meiner Geschichte zu ziehen. Sie hat mich zu der Person gemacht, die ich heute bin, und egal was war, ich liebe meine Eltern beide. Aber Scheidungen haben eben einen hohen Preis. Sie hinterlassen Narben, die keiner sehen kann.«

Leider stehen Samuels Chancen auf eine lange Ehe vergleichsweise schlecht. Bei Kindern von geschiedenen Eltern besteht für die eigene Ehe ein stark erhöhtes Scheidungsrisiko. Das ist statistisch belegt, daran gibt es nichts zu rütteln. Wenn wir uns trennen, »bescheren« wir unseren Kindern also nicht nur eine kompliziertere Kindheit und eine emotionale Achterbahn, sondern vermindern gleichzeitig ihre Chancen, später eine glückliche Ehe zu führen. Außer natürlich, wir sind eines der Vorzeige-Ex-Paare, die sich weiterhin liebevoll um ihre Kinder kümmern können und genügend Geld zur Verfügung haben, damit nicht plötzlich das Heim und die Hobbys auch noch der neuen Lebenssituation geopfert werden müssen. Aber so eine spontane 180-Grad-Wendung in der Elternbeziehung ist sehr unwahrscheinlich. Wenn das Miteinander während der Ehe schon nicht geklappt hat, werden die Verhandlungen bei der Scheidung nicht plötzlich aalglatt über die Bühne gehen. Denn eines habe ich beobachtet: Viele Partner, mit denen es sich schwer zusammenleben lässt, entwickeln sich auch zu komplizierten Ex-Partnern – besonders wenn es um Kinder- und Geldregelungen geht. Einen plötzlichen Ausfall aller logisch denkenden Gehirnzellen, Sturheit, Egoismus – das habe ich alles schon bei Ex-Paaren in meinem Umfeld erlebt. Ein Mediator, der aus beruflichen Gründen lieber anonym bleiben will, geht bei seiner Analyse sogar noch weiter. Seiner Erfahrung nach hat in konfliktreichen Scheidungsfällen oftmals einer der Partner oder sogar beide eine Persönlichkeitsstörung. Narzissmus, antisoziales oder obsessives Verhalten, emotionale Abhängigkeit vom anderen – alle diese Verhaltensmuster und noch viele mehr können dazu beitragen, dass eine Scheidung besonders konfliktreich ausgetragen wird. Interessanterweise ergänzen sich die jeweiligen Persönlichkeiten meistens im Negativen. »Leider müssen Menschen nicht wirklich gut zusammenpassen oder sogar miteinander auskommen, um sich gegenseitig attraktiv zu finden und Kinder zeugen zu wollen«, stellt dieser Mediator ernüchternd fest.

Aber selbst wenn die Trennung relativ reibungslos abgelaufen ist, müssen die Kinder wohl oder übel lernen, mit den Konsequenzen zu leben. Ganz abgesehen von den äußerlichen Veränderungen – getrennte Lebensräume der Eltern, Geldsorgen und vieles mehr – sind die emotionalen Auswirkungen viel brisanter. Die Kinderpsychologin Anita Schimizzi erklärt, dass Scheidungen ein schwieriges psychologisches Dilemma auslösen: Aus der Sicht des Kindes ist es nicht verständlich, wieso Mutter und Vater sich plötzlich nicht mehr lieben, obwohl sie sich doch die ewige Liebe geschworen haben. Wenn deren Liebe einfach so abhandenkommen kann, befürchtet das Kind, die Liebe der Eltern auch zu verlieren. Ein Kind kann nicht zwischen der Liebe der Eltern untereinander und der Liebe zu ihm selbst unterscheiden. Besonders jüngere Kinder haben oft Angst, dass sie am Zerfall der Ehe ihrer Eltern Mitschuld tragen. Vielleicht haben sich die Eltern über ein Thema gestritten, das die Kinder betrifft, vielleicht haben die Kinder sich nicht an Regeln gehalten und damit bei den Eltern für schlechte Laune gesorgt, die daraufhin wegen Kleinigkeiten einen Streit begannen. Wenn Paare trotz Scheidung weiterhin intensive Auseinandersetzungen über die Kinder führen, kann das laut Anita Schimizzi zu tiefen Ängsten bei diesen Kindern führen, dass sie womöglich wirklich für das Ehe-Aus der Eltern mitverantwortlich sind.

Einige Kinder können auch nicht nachvollziehen, warum sie so viel Pech mit ihrer Familiensituation haben. Sie meinen, dass die Welt unfair und schlecht ist und verlieren damit ihre optimistische Grundeinstellung zum Leben. Ein geschiedener Vater erzählte mir, dass ihm seine Kinder aus erster Ehe nicht glauben können, dass er sie wirklich noch liebt. Sie meinen, dass sie ja schließlich auch ihrer Mutter ähnlich sind, die der Vater ja bis auf den Tod nicht ausstehen könnte. Wie sollten sie da noch liebenswert sein?

Die Hauptsorge der meisten Scheidungskinder ist wirklich die Angst vor Liebesverlust. Und diese Angst führt in der Regel zu einem der folgenden, gegensätzlichen Szenarien: Entweder versucht das Kind möglichst perfekt zu werden, damit sich Mama und Papa nicht streiten, damit sie es bitteschön weiter lieben. Pflichtbewusst, selbstständig, hilfsbereit. Das Kind weiß, was Mama und Papa glücklich macht, wie es sich verhalten muss, was es in der Schule oder im Sport erreichen muss, damit die Eltern stolz sind, damit sie das Gefühl haben, nicht alles falsch gemacht zu haben. Dann müssen die Eltern weniger Schuldgefühle haben und können das Kind weiterhin lieben. Vielleicht mutiert ein Kind sogar zum Ersatz-Partner, hilft der Mutter, auf die kleineren Geschwister aufzupassen, Glühbirnen zu montieren und das Essen zu kochen.

Oder, im gegensätzlichen Fall, wird Tochter oder Sohnemann zum Rebell, zu dem, der die Liebe der Eltern herausfordert: Wollen wir doch mal sehen, wie weit ich gehen kann und die Liebe meiner Eltern doch noch bekomme. Sollen sie sich doch über mich streiten, dann macht es zumindest einen Sinn, dann sprechen sie wenigstens noch miteinander, dann können sie die Schuld abwälzen, sich über mich aufregen, anstatt über sich selbst. Vielleicht suchen sich die rebellischen Söhne oder Töchter eine Freundin oder einen Freund – am besten einen, der den Eltern gar nicht gefällt. Da sich die Eltern in Sachen Partnerwahl sowieso als Amateure geoutet haben, dürfen sie jetzt gar nicht erst wagen, ihr elterliches Veto einzulegen.

Das Verhalten der Kinder hängt neben dem Charakter auch mit dem Alter des Kindes zum Zeitpunkt der Trennung zusammen. Ein jüngeres Kind ist nach einer Scheidung abhängiger als vorher. Es geht in seiner Entwicklung erst mal wieder einen Schritt zurück. Mir wurde das so erklärt: Ein junges Kind denkt, dass die Eltern ja noch glücklich waren, als es kleiner war und versucht deshalb mit seiner Regression, die Eltern unbewusst wieder zusammenzuführen. Es versucht also die Uhr auf eine Zeit zurückzudrehen, als seine Welt noch in Ordnung war.

Im Kontrast dazu reagieren Kinder im Teenageralter auf eine Scheidung häufiger mit Aggressionen – gegen die Eltern, die sie so unglücklich und wütend machen. Wütend, weil nichts mehr so ist, wie es war, weil die Mama abends im Zimmer weint, weil das Geld knapp ist, weil sie sich vor ihren Freunden nun schämen und erklären müssen, warum sie dieses oder jenes plötzlich nicht mehr machen können. Wütend, weil sie ihre Zeit zwischen den Eltern und den Wohnorten aufteilen müssen, um beide sehen zu können, obwohl sie doch eigentlich nichts für diese Situation können. Wütend, weil sie sich doch in Wirklichkeit nur eine stinknormale Familie wünschen, mit der man an den Feiertagen beisammen sitzen kann und ohne Groll über gemeinsame Erlebnisse quatscht. Plötzlich können sie nicht mehr sorglos bei der Mutter vom Vater erzählen und umgekehrt – ein Teil von ihnen muss von da an dauerhaft versteckt bleiben. Also sind sie wütend, weil sie nicht mehr so sein dürfen, wie sie einmal waren, sorglos und frei, sondern stattdessen immer auf der Hut sein müssen, um nicht aus Versehen auf irgendwelche Eierschalen zu treten. Sie sind wütend, weil der Vater die Mutter verlassen hat, die jetzt schon seit Monaten depressiv im Bett liegt und man sich um sie kümmern muss, hilflos, weil man selbst am liebsten weinen möchte.

Und was macht man, wenn man wütend ist? Man entfernt sich seelisch, will mit den Eltern nichts mehr zu tun haben, wird schneller unabhängig, sucht sich vielleicht einen Freund oder eine Freundin, jemand, der einen versteht, tröstet, bei dem man sich geliebt und geborgen fühlt und die Gefühle nicht mehr verstecken muss. Bei dem man über Vater und Mutter reden kann, sich seine Sorgen von der Seele reden darf. Vielleicht weiß man gar nicht wirklich, wie Liebe aussieht und sucht sich einen Freund nach dem anderen, auf der Suche nach Liebe – weil einem die Eltern zu diesem Thema ja schließlich überhaupt nichts mehr zu sagen haben. Vielleicht auch weil man zögert, sich auf eine Person wirklich einzulassen, sich zu öffnen, aus Angst wieder verlassen zu werden.

Sie haben das Gefühl, diesen Satz so oder ähnlich schon einmal gelesen zu haben? Ja, in unserer Gesellschaft, in der knapp die Hälfte aller Ehen auseinandergehen, ist naturgemäß ein großer Teil aller Kinder Scheidungsopfer. Es ist also kein Wunder, dass sich zwar die meisten sehnsüchtig wünschen, sich dauerhaft zu binden, womöglich sogar eine Ehe einzugehen, aber sich gleichzeitig auch davor fürchten. Und deshalb ist unsere Gesellschaft jetzt genau da, wo sie ist: zwar monogam, aber nicht dauerhaft, zwar selbstständig, flexibel und unabhängig, aber auch immer mit der Angst behaftet, nicht gut genug zu sein. Lieber selbstständig und allein als gebunden und abhängig. Unsere Gesellschaft traut der langen Liebe nicht mehr und das hat sicherlich damit zu tun, dass viele von uns aus zerbrochenen Familien kommen.

Die Zweifel an der Ehe, an dauerhafter Liebe und einem lebenslangen Versprechen sind also eine Begleiterscheinung des stetig wachsenden Anteils an Scheidungskindern in unserer Gesellschaft. Das kann man ja auch nachvollziehen, denn wenn man sich seine Hand auf dem heißen Herd verbrennt, würde man ihn in Zukunft auch meiden.

Die Gesundheit unserer Ehen steht also im direkten Verhältnis zur Gesundheit und Liebesfähigkeit unserer Gesellschaft. Darüber machen wir uns zum Zeitpunkt der Hochzeit und zum Zeitpunkt der Scheidung natürlich überhaupt keine Gedanken. Unsere Ehe ist also ein kleines Steinchen im Gesellschaftsmosaik: Je mehr Ehen in die Brüche gehen, desto fragiler wird das Bild. Ein chinesisches Sprichwort bringt diesen Gedanken auf den Punkt: »Wenn es Liebe in der Ehe gibt, dann wird das Heim harmonisch. Wenn es Harmonie im Heim gibt, dann wird die Gemeinschaft zufrieden. Wenn es Zufriedenheit in der Gemeinschaft gibt, dann gedeiht die Nation. Und wenn die Nation gedeiht, dann gibt es Frieden in der Welt.«

Es scheint kompliziert zu sein: Wir sind zwar einerseits Individuen, die versuchen, in ihrer Ehe eine Art Selbstfindungsprozess zu absolvieren, aber damit gleichzeitig unsere Gesellschaft zu stärken. Wir sind also zur gleichen Zeit selbst-zentriert und selbst-los – einerseits stellen wir uns in den Mittelpunkt unserer Ehe und andererseits geht es gar nicht um uns allein, sondern um alle um uns herum. Soziologieprofessor Norval Glenn stellt folgendes fest: »Das absolut ungehinderte Streben nach Eigeninteressen der Einzelpersonen führt nicht zur Maximierung des Wohlergehens der Allgemeinbevölkerung. (…) Die Freiheit des einen Partners, die Ehe nach Lust und Laune beenden zu können, ist die Unsicherheit des anderen Partners. Ohne einen angemessenen Grad an Sicherheit ist es eher unwahrscheinlich, dass Partner sich voll und ganz auf die Ehe einlassen werden.« Und ohne diese Sicherheit zerbrechen Ehen immer wieder und es kommt dazu, dass wir Alleinerziehende an der Armutsgrenze haben und Kinder nicht mehr ihr volles Potenzial erreichen können, weil sie entweder emotional zu sehr strapaziert werden oder nicht die finanziellen Ressourcen genießen, geschweige denn die nötige Zeit und Aufmerksamkeit der Elternteile, um sich voll entfalten zu können.

Eine Trennung der Eltern verunsichert schließlich sogar die Großeltern – sie wissen nicht mehr genau, inwieweit sie ihre Rolle weiterhin ausüben können, ohne dem anderen Großeltern-Paar auf die Füße zu treten. Plötzlich entstehen getrennte Parteien, wo früher eine gemeinsame Familie war. Vielleicht schiebt das eine Großeltern-Paar die Schuld auf das andere – wie sie bloß so ein kompliziertes Kind großziehen konnten, das jetzt ihrem »fehlerlosen« Sohn oder der Tochter das Leben zur Hölle macht. Es entstehen Wettkämpfe: Jedes Großeltern-Paar will als das bessere dastehen, ohne jedoch darüber nachzudenken, was für die Kinder und Enkel am besten wäre. Großeltern leiden mit, wenn die Ehe ihrer Kinder auseinandergeht. Und die nächste Generation? Sie wird zu einer Patchwork-Familie aus Stief-Schwiegermüttern und Halb-Onkeln, aus Ex-Enkeln und Halb-Tanten, die jünger sind als ihre Nichten, da sie das Produkt des zweiten Eheversuchs sind. Die Zukunft wird kompliziert, nicht nur für Ahnenforscher.

Aber dennoch ist es klar, dass nicht alle Ehen gerettet werden können und nicht alle Menschen für die lange Ehe gemacht sind. Das ist eben auch eine Realität, die wir nicht verleugnen können. Ich will hier also keine Schuldgefühle verbreiten, denn manche Trennungen führen ja auch wirklich zu einer verbesserten Lebenssituation für alle Familienmitglieder. Außerdem haben mir alle Psychologen versichert, dass sie ihren Beruf nur deshalb gewählt haben, weil sie felsenfest daran glauben, dass Menschen sich ändern und über ihr Schicksal hinauswachsen können. Niemand ist sein Leben lang zu Pessimismus und

Beziehungsproblemen verdammt, nur weil die Scheidungsgeschichte der Eltern hochkompliziert über die Bühne gegangen
ist. Das führt auch zu der Frage, ob es überhaupt jemanden gibt,
der ideal erzogen und ohne irgendwelche Komplexe in die Welt
entlassen wird. Wahrscheinlich nicht. Denn in gewisser Weise
unterscheiden sich die emotionalen Schwierigkeiten, die wir
Kindern mit einer Trennung aufbürden, gar nicht so sehr von
anderen schlechten Verhaltensmustern, die auch in funktionierenden Ehen Einfluss auf unsere Kinder haben. Ein Elternteil
schaut vielleicht immer erst bei allem auf die finanziellen Kosten, verdirbt allen mit seiner Geldgier die Freude am Genuss.
Der andere bringt mit seiner depressiven Stimmung allen Spaß
zum Sofortstopp und prägt einen Alltag von Trauer und Ver-
zweiflung. Oft werden die Kinder bei solchen negativen Ein-
flüssen später selbst zu Kopien ihrer Eltern und »bereichern«
unsere Gesellschaft dann mit weiteren depressiven Geld-Haien.
So gesehen hat wohl niemand eine saubere Weste, wenn es um
die ideale Erziehung der Kinder geht.

Trotzdem finde ich es wichtig, dass wir uns hin und wieder
klar machen, dass es nicht nur um uns und unser egoistisches
Wohlergehen in unserer Ehe geht, sondern auch um eine Art
gesellschaftliche Verpflichtung. Damit meine ich nicht, dass wir
einfach verheiratet bleiben sollen, komme was wolle, denn eine
schlechte Ehe wird auch keine viel besseren Auswirkungen auf
unsere Gesellschaft haben als eine Scheidung. Trotzdem finde
ich es hilfreich, wenn wir nicht meinen, alles drehe sich immer nur um uns und unser Glück. Außerdem wird mir wahrscheinlich fast jeder, der mit einem Scheidungskind verheiratet
ist, zustimmen, dass man die Auswirkungen der Scheidung der
Eltern in irgendeiner Weise in der eigenen Beziehung wieder-
finden kann.

So war es auch in unserer Beziehung: Ich erinnere mich noch gut an die Zeit kurz vor unserer Hochzeit. Mike und ich waren zu dem Zeitpunkt schon seit knapp vier Jahren ein Paar – meines Erachtens lang genug, um den nächsten Schritt zu wagen. Mike wollte mich gerne heiraten, wollte auch gerne Kinder, aber er hatte überhaupt keine Ahnung, auf was er sich da einlässt. Er hatte große Sorgen, ob wir es als Paar schaffen können, wo doch in seiner Familie fast jedes Familienmitglied schon eine Scheidung hinter sich hatte. In meiner Familie ist es genau umgekehrt – bis auf wenige Ausnahmen sind alle schon lange, und ich nehme mal an glücklich, verheiratet. Ich freute mich auf die Ehe, hatte gar keine Bedenken. Natürlich würden wir es schaffen! Wieso denn um Himmels Willen nicht? Die Ehe muss etwas Wunderbares sein, denn sie hat schon meine Eltern und zahlreiche Tanten und Onkel glücklich gemacht. Es ist also ganz eindeutig eine gute Entscheidung. Ich war ehrlich gesagt von der Ehe so überzeugt, dass ich mir einbildete, ich könnte mit den meisten halbwegs vernünftigen Menschen glücklich verheiratet sein. Zugegeben: Ich bin eine Frau und kein Mann und war damals auch noch ziemlich jung, und natürlich war ich sehr froh, Mike zu heiraten und nicht irgendwen. Trotz seiner Bedenken ist Mike jetzt absoluter Ehe-Befürworter. Er genießt es mittlerweile, der Teil eines Teams und nicht mehr Alleinstreiter zu sein, aber das hätte er zu Beginn unserer Ehe noch nicht gedacht.

Ein Bekannter hatte eine ähnliche Familienkonstellation: Seine Eltern waren geschieden, die Mutter lange Zeit allein, später mit neuem Partner. Der Sohn, der brave Sohn, der alles richtig machen wollte, fühlte sich trotz seines Stiefvaters wie eine Art Ersatzpartner für seine Mutter. Der Bruder dagegen war ein Rebell. Eigentlich gibt es keinen Grund, warum dieser gutaussehende, gebildete Mann immer noch Single ist – aber nach ein paar Gläsern Wein sagte er eines Abends, er hätte gar keine Ahnung, nach wem er überhaupt suchen soll oder wie eine richtige, glückliche Ehe eigentlich aussehen kann. Da ist mir zum ersten Mal bewusst geworden, dass Scheidungskinder oftmals wie blind nach Liebe suchen, dass sie keine Ahnung haben, wonach sie suchen und welche Eigenschaften am anderen wichtig sind, um eine Beziehung dauerhaft glücklich zu machen. Wenn sie Glück haben, treffen sie auf jemanden, der eine starke Partnerschaftsvision hat und sie lenkt oder eine ähnliche Geschichte erfahren hat, sodass sie gemeinsam einen anderen Weg als ihre Eltern einschlagen können.

Doch selbst wenn sie diesen Partner gefunden haben, mit dem sie gegen ihre schlechte Prognose ankämpfen können – selbst dann sind sie benachteiligt. Natürlich hat jede Ehe schwierige Phasen, natürlich gibt es hin und wieder starke Auseinandersetzungen – Läuse hin oder her – wenn aber die Erfahrung dazu kommt, dass die Eltern, die oft gestritten haben, sich schließlich scheiden ließen, ist es nicht schwer nachzuvollziehen, dass Konflikte in der Ehe bei Scheidungskindern andere Gefühle erzeugen als bei Kindern aus soliden Elternhäusern. Viele Scheidungskinder haben große Angst, dass ein Streit zum Ehe-Aus führen könnte – logisch, denn sie haben es ja schon einmal so erlebt. Deshalb gehen sie Konflikten oft aus dem Weg, geben lieber klein bei als ihre eigene Meinung klar zu äußern, besonders wenn das zu einer Auseinandersetzung führen könnte.

Andere denken bei jedem Streit an eine Trennung, wissen nicht, dass es total normal ist, wenn hin und wieder die Fetzen fliegen. Sie denken dann nach einem heftigen Streit, dass ihr Traumprinz auf keinen Fall der Richtige sein kann, dass da hundertprozentig noch ein besseres Modell im Umlauf ist, dass sie einfach – genau wie die Mutter oder der Vater – auf den Falschen reingefallen sind.

Und das ist immer noch nicht alles. Wer Konflikte zwar wahrnimmt, aber nicht weiß, wie man sie dauerhaft schlichtet, ohne dass danach noch jahrelang Fetzen fliegen und Groll wie abgestandener Zigarettendunst in der Luft hängt, der weiß auch nicht, wie man Differenzen ausbügeln kann, ohne sich nachhaltig weh zu tun. Menschen, die ihre Ehe auf Dauer anlegen, haben nachweislich ganz andere Kommunikationsmuster, sanfter, beruhigender, weniger schmerzlich. Der Psychologe John Gottman stellte in einer Studie einen eindeutigen Zusammenhang zwischen Kommunikationsmustern und Scheidungsfällen fest. Das Verhältnis von negativen zu positiven Kommentaren im täglichen Umgang der Partner war besonders entscheidend. Anhand dieses Verhältnisses konnte Gottman mit über 80-prozentiger Sicherheit prognostizieren, ob eine Ehe in einer Scheidung enden würde. Leider haben abwertende Kommentare mehr Gewicht als positive – über scharfe Kritik kommt man nicht so schnell hinweg. Das heißt, glückliche Paare machen sich etwa fünf Komplimente bevor sie eine einzige Kritik wagen. Merken Sie sich das für Ihre nächste Diskussionsrunde – erst mal einen großen optimistischen, liebevollen Anlauf nehmen, bevor es ans Eingemachte geht!

Wenn ich schon mal dabei bin, teile ich Ihnen auch gleich noch mit, welche Kommunikationsweise Herr Gottman als besonders kritisch ansieht, wenn Sie Ihre Ehe auf Dauer anlegen wollen; denn ganz schnell kann eins zum anderen führen und bevor Sie sich umsehen können, stecken Sie in einer monströsen Ehekrise.

Ein absoluter Anfängerfehler, den sicherlich jeder schon einmal begangen hat, ist, seine Kritik nicht auf die nervende und kritikwürdige Verhaltensweise des anderen zu begrenzen, sondern gleich mal auf die gesamte Person auszubreiten. Nehmen wir an, Sie wollen sich beschweren, weil Ihr Partner heute vergessen hat, die Tochter pünktlich von der Schule abzuholen – war doch abgemacht, Sie wollen sich doch einfach nur darauf verlassen können. Und weil Ihr Göttergatte aber auch schon andere Sachen vergessen hat, zum Beispiel Ihren Hochzeitstag oder Milch vom Supermarkt mitzubringen, können Sie sich einfach nicht zurückhalten. Die Beschwerde hört sich dann etwa so an: »Aber wir hatten doch ausgemacht, dass du heute die Kleine abholst, und überhaupt: Deine Vergesslichkeit geht mir total auf den Wecker. Auf dich kann man sich sowieso nicht verlassen. Da kümmere ich mich lieber alleine um die Kinderangelegenheiten.« So weit so gut – nicht ganz fair, etwas zu weit gegangen, aber noch kein Totalangriff. Trotzdem hat der Partner ab dem zweiten Satz schon keine Lust mehr sich zu entschuldigen und geht gezwungenermaßen in die Defensive, denn er fühlt sich bis auf die paar Male, an die er sich erinnern kann, ja eigentlich recht zuverlässig. Was fällt ihr überhaupt ein, ihn als vergesslich zu beschimpfen? Also legt er beim Rückangriff noch eins oben drauf: Sie bräuchte sich überhaupt nicht so aufzuregen, sie sei ja selbst nicht Frau Superschlau und überhaupt könne sie froh sein, einen wie ihn abbekommen zu haben, sie sei ja schließlich nicht Heidi Klum.

Für die meisten Partner ginge dieser Schritt schon eindeutig zu weit – eine persönliche Verletzung, ein Angriff, der selbst wenn das Paar den Streit beiseitelegt, nicht mehr zurückgenommen werden kann. Diese eine Kritik, die zu weit ging, die mit dem Abholen des Mädchens von der Schule nun wirklich nichts mehr zu tun hatte, die setzt sich in der Partnerin fest. Sie fühlt sich nicht mehr wirklich geliebt und akzeptiert, weiß jetzt, wie ihr Partner tatsächlich über sie denkt und wünscht sich sehnlichst jemanden, der sie trotz ihres Alters, ihrer Lachfalten und Cellulite-Dellen begehrenswert findet. Da kann ihr Partner sich noch so oft entschuldigen, sie kann sich sogar selbst einbilden, die Sache vergessen zu haben. Aber so ein Seitenhieb sitzt tief und fest und lässt sich nicht so leicht abschütteln.

Und dann kommt plötzlich einer daher, vielleicht der flotte Sportlehrer der Tochter oder der frisch geschiedene freundliche Nachbar, der sie neuerdings immer so nett grüßt, der sich auf ein Gespräch einlässt, mit dem man sich ja so wunderbar über das Reisen unterhalten kann. Ach, sie ist ja schon so lange nicht mehr verreist und will wissen, wo er es denn am schönsten fand. Oh, da würde sie ja so gerne auch mal hin. Beim nächsten Mal macht er ihr ein nettes Kompliment, ob sie beim Friseur gewesen sei, die neue Frisur stünde ihr wunderbar. Der Ehemann, der vergessliche, der sie sowieso nicht attraktiv findet, der sie nur mit Heidi Klum vergleicht, der hat natürlich nichts gemerkt. Und schwuppdiwupp ist es passiert – sie entfernt sich emotional von ihrer Partnerschaft, träumt von einem besseren Mann, der sie auch toll findet, der sie sieht, denn ihrem Mann gefällt sie ja anscheinend nicht mehr so gut. Ihr Partner merkt, dass irgendwas nicht mehr so läuft wie früher, meint, die Frau habe eine Affäre und sieht sich selbst als das arme Opfer – wie sie ihm das nur antun könne. Sie schiebt die Verantwortung ihrer Liebelei auf ihn, er auf sie. Niemand will der Auslöser für diese eheliche Krise gewesen sein. Und dann kommt der letzte Schritt vor dem absoluten Ende: Die Partner stellen die Kommunikation miteinander komplett ein. Sie reden nicht mehr miteinander, denn der andere versteht sie ja sowieso nicht. Und wenn die Kommunikation zusammenbricht, ist kein Verbindungspunkt mehr da; dann sind beide aus der Partnerschaft ausgestiegen. Die Scheidung ist dann nur noch reine Formalitätssache.

Es muss nicht mal eine Affäre im Spiel sein, aber dieser Zyklus zerstört jede Beziehung: Es beginnt mit einer Kritik, die über den eigentlichen Diskussionspunkt weit hinausgeht, gefolgt von Verachtung des anderen, Selbstverteidigung und der Abwehr von jeglicher Verantwortung, was schließlich zu einer regelrechten Mauer zwischen den Fronten führt, die beide Partner nicht mehr durchdringen können. Die Trennung ist dann nur eine Frage der Zeit.

Und die Kinder, die dabei zuschauen müssen, lernen nicht, wie sie es besser machen können, haben nie erlebt, wie man sich wirklich verzeiht, wie man über seinen eigenen Schatten springt, um dem anderen zu zeigen, dass die Beziehung wichtiger ist, als die vergessene Milch oder der Hochzeitstag. Sie lernen nicht, wie man behutsam mit den wunden Punkten des anderen umgehen kann, wenn man eine produktive Diskussion haben will und den anderen dabei nicht verletzen möchte. Sie haben nie erfahren, dass Partner aus Liebe zueinander und zu ihrer Partnerschaftsvision eine Diskussion nicht auf Gewinnen und Verlieren, sondern auf Verbessern auslegen.

Aber es sind nicht nur schlechte Kommunikationsvorbilder, die es der nächsten Generation erschweren, eine glückliche und gesunde Ehe zu führen. Geschiedene Partner neigen häufiger zu Verhaltensweisen, die eine Partnerschaft komplizierter machen. Manche sind genetisch bedingt, andere haben sich einfach durch die eigene Geschichte so entwickelt. Ein Klassiker unter den Scheidungsursachen ist laut einem Mediator die narzisstische Verhaltensstörung. Ex-Partner werfen sich nach einer

Trennung häufig gegenseitig vor, egozentrisch zu sein. Beim Ex muss es sich also eindeutig um einen Narzissten handeln, kein Wunder, dass es mit der Ehe nicht geklappt hat.

Alle Kinder – Scheidung hin oder her – lernen zuallererst durch die Verhaltensweisen der Eltern: Sie erleben den Tonfall, in dem miteinander geredet wird, sie beobachten, wie ihre Eltern miteinander umgehen, ob sie sich Mühe geben, für den anderen einen schönen Geburtstag zu gestalten oder ob sie regelmäßig ihre eigenen Hobbys oder die Arbeit in den Vordergrund stellen. Scheidungskinder haben außerdem den Nachteil, nachweislich weniger konstruktiv diskutieren zu können. Sie sehen nicht, wie liebevolle Handlungen ausschauen, wie sich die Eltern bemühen, sich gegenseitig Gutes zu tun und können das somit auch nicht in ihre eigene Beziehung übernehmen. Sie sehnen sich nach Liebe, haben aber meist nicht gelernt, wie Liebe wirklich aussieht. Vielleicht haben sie Glück, haben ein liebevolles Großelternpaar, bei dem sie beobachten können, wie Beziehung gewissenhaft gestaltet werden kann, oder einen gutmütigen Stiefelternteil, der ihnen zeigt, wie Liebe aussehen kann. Trotzdem müssen Scheidungskinder ihre Partnerschaft meist ganz neu erfinden und erlernen, ohne je ein intaktes Familienmodell erfahren zu haben – das gleicht dem Autofahren ohne Führerschein, und zwar blind!

8

Krise heißt auch Wendepunkt

Partnerschaften sind kein Kinderspiel – egal ob wir aus einem intakten oder einem zerbrochenen Elternhaus stammen. Deshalb dürfen wir es uns auch nicht so leicht machen, die Schuld für die eigenen Eheprobleme einzig und allein auf die gescheiterte Ehe der Eltern zu schieben. Scheidungskinder wissen aufgrund ihrer persönlichen Erfahrungen besonders gut, wie es sich anfühlt, geschiedene Eltern zu haben und sind deshalb häufig sogar noch motivierter als andere, die Fehler der Eltern bewusst zu umgehen und sich vielleicht früher Hilfe von außen zu holen. Gleichzeitig ist ein glückliches Elternhaus kein Freibrief für eine eigene unkomplizierte Ehe. Wenn die elterliche Ehe wie ein Kinderspiel aussieht, unterschätzen wir womöglich die harte Arbeit und die psychologischen Kunststücke, die unsere Eltern vielleicht vollbringen mussten, um so glücklich zu werden, wie sie sind. Vielleicht sind wir dann sogar besonders schnell desillusioniert, wenn es in unserer Beziehung plötzlich schwierig wird.

Trotzdem kann man es nicht leugnen: Es ist bedeutend schwerer, eine gesunde Ehe zu führen, wenn man sie nicht selbst zu Hause erlebt hat! Schließlich ist es auch leichter allein Ski zu fahren, wenn man schon von klein auf neben dem Papa die Piste hinunter gesaust ist. Da hat man ganz nebenbei gelernt, wie man sich bei unterschiedlichen Schneeverhältnissen anders bewegen muss, wie man souverän mit Hindernissen umgeht, sich der Wetterlage anpasst und seine eigenen Fähigkeiten richtig einschätzen und verbessern kann. Anders als beim Skifahren geben wir uns bei der Ehe aber oft nur eine Chance – besonders wenn Kinder im Spiel sind, sollte das Meisterwerk Ehe gelingen, und zwar beim ersten Mal. Vielleicht haben wir unsere Beziehungsmuskeln davor schon des Öfteren mit verschiedenen Partnern ausprobiert und gestärkt, aber nie mussten wir solange trainieren, bis die Partnerschaft wirklich auf Dauer funktionierte – wir konnten schließlich immer wieder den Kopf in den Schnee stecken und uns trennen, wenn es zu mühselig wurde.

Und plötzlich steckt da dieser Ring auf unserem Finger und wir können nicht mehr so einfach weg, abhauen und neu anfangen. Die erste Krise kommt und wir fühlen uns gefangen. Vielleicht tauchen Zweifel am Partner und an unserer Beziehung auf, vielleicht spüren wir plötzlich unsere Liebe nicht mehr, sind entsetzt darüber, dass wir stattdessen nur noch Zorn und Ärger fühlen. Wie konnten wir diese Person bloß heiraten? Wo ist denn unser Traumprinz oder unsere Prinzessin geblieben? Manche haben auf einmal das Gefühl, in ihrem Partner die negativen Eigenschaften ihres Vaters oder ihrer Mutter wiederzuerkennen. Wie konnte ihnen denn dieser Fehlgriff bloß passieren? Einige fühlen sich, als sei die Liebe nach einem Streit dauerhaft abhandengekommen, als seien ihre Gefühle füreinander für immer gestorben. Desillusioniert meinen sie dann, ihre Beziehung stünde unwiderruflich vor dem Ende. Sie können gar nicht fassen, wie eine solche Krise von heute auf morgen plötzlich alles verändert hat. In unserer Partnerschafts-Testphase haben wir nicht gelernt, dass nach einem Ende auch ein neuer Anfang kommen kann – und zwar innerhalb der Beziehung! Deshalb wissen wir auch nicht, dass die Liebe wieder zurückkommen kann, wenn wir ausharren und unsere Konflikte gemeinsam lösen. Immer dann, wenn wir früher meinten, uns in unserem Traumpartner geirrt zu haben, konnten wir schlicht und einfach sagen, dass wir auf so ein blödes Verhalten, auf so einen sturen oder verschlossenen Charakter, auf so eine depressive Ader oder so einen schlechten Humor einfach keine Lust mehr hatten und sind gegangen. Aber in der Ehe geht das nicht mehr so einfach. Uns stehen Berge an Formalitäten, womöglich Kinder und gemeinsames Eigentum im Weg und wir müssen mit der Realität des anderen plötzlich auskommen lernen. Diese Erfahrung haben wir vor der Ehe meistens nicht gemacht und fühlen uns unwohl und wie gefangen. Wir wissen zu dem Zeitpunkt nämlich noch nicht, dass es sich bei Krisenzeiten schlichtweg um kleine Stolpersteine auf einem langen Partnerschafts-Parkour handelt. Die amerikanische Autorin Judith Viorst sieht gerade deswegen in der Verbindlichkeit der Ehe ihren besonderen Wert. »Ein Vorteil der Ehe ist«, so Viorst, »dass sie ein Paar zusammenhält, selbst wenn der eine Partner nicht mehr in den anderen verliebt ist, oder umgekehrt – und zwar so lange, bis sie sich wieder erneut ineinander verlieben.«

Nach meinem Läuse-Spektakel und der anschließenden Krisensituation fiel mir eine Geschichte von Clarissa Pinkola Estés aus ihrem Buch »Die Wolfsfrau« in den Schoss. Meine Mutter hatte mir das Buch vor langer Zeit mitgebracht. Ich hatte es aus Zeitmangel erst einmal in meinem Bücherregal abgelegt, weil es damals nicht relevant für mich war, und überhaupt meint man Selbsthilfe-Bücher ja nur lesen zu müssen, wenn man in einer Krise steckt. Aber an jenem Läuse-Tag fiel es mir wieder ein, und weil ich am nächsten Tag sowieso gelangweilt bei meinem Zahnarzt im Wartezimmer saß und das Buch mitgenommen hatte, schlug ich spontan ein Kapitel auf und las die Geschichte von der Skelettfrau. Diese Erzählung basiert auf einer alten Inuit-Überlieferung und handelt von genau diesem Kreislauf – von Tod und Wiederauferstehung der Liebe in einer Partnerschaft.

Clarissa Pinkola Estés nennt diesen Kreislauf auch den Leben/Tod/Leben-Zyklus. In ihrer Erzählung geht es um ein Mädchen, das vom Vater zur Strafe ins Eismeer gestoßen wurde und ertrank. So lag es für eine lange Zeit am Meeresboden – gemieden von den lokalen Fischern und Jägern. Eines Tages kam ein fremder, junger Fischer und zog es zufällig an seiner Angel aus dem Wasser. Er ekelte sich vor dem Skelett, wollte es unbedingt loswerden und versuchte zu flüchten. Als er endlich an seinem Iglu ankommt, ist es schon dunkel. Er dankt den Göttern, diesem elendigen Gebein davongekommen zu sein. Doch im Schein seiner Öllampe erkennt er in der Ecke seines Iglus einen wirren Knochenhaufen. Vielleicht aus Mitleid, vielleicht aus Einsamkeit beginnt der Fischer, die Knochen zu entwirren, wieder ordentlich zurechtzurücken und mit Fellen zu wärmen, bevor er sich schlafen legt. In dieser Nacht weint der Fischer eine Träne, die die Skelettfrau sieht und trinkt und sie zu einer lebendigen Frau werden lässt. Am nächsten Morgen wachen beide eng umschlungen auf.

Die stark gekürzte Interpretation dieses Märchens ist besonders interessant: Wir sind alle liebeshungrige, naive Fischer, die einen »Schatz« angeln wollen. Wir haben keine Ahnung, worauf wir uns einlassen, wollen uns anfangs doch nur ein bisschen amüsieren. Manchmal fangen wir etwas, das auf den ersten Blick nicht aussieht wie ein Schatz, und wollen es wieder loswerden. Aus Angst vor unserem »schlechten« Fang wollen wir schnellstens davonlaufen, aber unser »Schatz« holt uns schließlich ein und wir müssen uns wohl oder übel damit auseinandersetzen. Wenn wir uns die Zeit nehmen, die Beziehung langsam und sorgfältig neu zu ordnen, Stück für Stück neues Vertrauen aufzubauen, wird sie wieder innig und lebendig. Clarissa Pinkola Estés stellt abschließend fest: »Anstatt die Archetypen Tod und Leben als unvereinbare Gegensätze zu sehen, sollte man sie sich als unzertrennliches Liebespaar vorstellen, als die rechte und die linke Hälfte eines einzigen Gedankens. Im Laufe einer Liebe werden zahllose Tode gestorben, viele, scheinbar endgültige Endpunkte erreicht, und doch existiert das Wesen der Beziehung fort, solange die beiden Partner begreifen, dass der ewige Wechsel zwischen Werden und Vergehen das wahrhaft Konstante in ihrer Beziehung ist.« Genau wie wir uns also bei der Definition der Ehe geirrt haben, weil nicht der Zusammenschluss zwischen einem Mann und einer Frau der gemeinsame Faktor aller Ehen dieser Welt ist, sondern der Zugewinn an Schwiegereltern, so irrten wir uns wohl auch bei der Vorstellung von Beziehung: Es ist nicht die Liebe, die eine Partnerschaft tatsächlich ausmacht, sondern die Akzeptanz der Höhen und Tiefen innerhalb einer Beziehung. Aber was führt überhaupt dazu, dass sich die Gefühle für den Partner plötzlich verändern, wenn wir Seiten an ihm entdecken, die wir lieber nicht sehen wollen oder er an uns?

Es gibt verschiedene Gründe, warum wir uns in unserer Beziehung zum Skelett verwandeln können – also unsere unschönen, verborgenen Seiten zum Vorschein bringen. Oft entstehen Krisen dann, wenn ein kleines sachliches Problem einen tiefliegenden Nerv trifft und plötzlich ein viel größeres Streitthema offenbart. So glauben wir beispielsweise, nur über das dreckige Geschirr zu streiten, das nach mehrmaligem Bitten immer noch nicht in den Geschirrspüler geräumt, sondern direkt auf der Ablage darüber abgestellt wird. Wir ärgern uns, dass wir unserem Partner damit immer hinterherlaufen müssen – wir sind ja schließlich nicht Mutter und Sohn. Eigentlich geht es aber gar nicht um das Geschirr, sondern um Zuhören, gehört werden, gesehen werden – letztlich um Respekt. In unserem Inneren geht es vielleicht sogar um etwas ganz anderes: Schon als Kind fühlten wir uns immer übergangen und wurden kaum wahrgenommen, genau wie jetzt vom Partner auch. Und so streiten wir über dreckiges Geschirr, als wären wir wieder das kleine Kind, das sich jetzt endlich traut den Mund aufzumachen, um zu sagen: »Warum hörst du mich denn nicht?«

Der Partner hört allerdings nur den Ärger über das Geschirr, das er unbedacht auf die Ablage über der Spülmaschine gestellt hat, statt es brav in die Maschine zu räumen. Sie hat ihn ja schon so oft darum gebeten, es wäre ja wirklich kein Ding der Unmöglichkeit. Aber er will sich solchen Regeln gar nicht erst unterordnen, und wenn sie ihm immer nur Vorwürfe macht, hat er erst recht keine Lust mehr aufzuräumen – dreckiges Geschirr hin oder her. Von ihrer spontanen Kampfansage fühlt er sich sowieso überrollt und kann gar nicht verstehen, wieso man denn so viel Ärger wegen zwei zusätzlichen Handbewegungen aufbringen kann: Spülmaschine auf, Geschirr rein, Sache erledigt – denkt er. Leider weiß der Arme in diesem Moment nicht, dass seine Geschirr-Unaufmerksamkeit eine tiefliegende Gefühls-Pipeline angebohrt hat, die dadurch erst so richtig ins Sprudeln gekommen ist. Er schiebt dieses Gefühlschaos erst einmal routiniert auf ihre monatlichen Hormonschwankungen und meint, damit die kurze Krise nicht weiter beachten zu müssen. Aber spätestens nach ein, zwei Tagen merkt er, dass sich die angespannte Lage leider immer noch nicht beruhigt hat, sie sich abends im Bett demonstrativ von ihm wegdreht und sofort einschläft (oder zumindest so tut) und er sich vielleicht der Geschirrkrise noch einmal intensiver widmen sollte.

Anderes Szenario: Wir ärgern uns, weil unser Partner uns in irgendeiner Weise kritisiert hat. Ausnahmsweise ist er heute mal Beifahrer in unserem Auto, was von vornherein für ihn schon schwer zu verkraften ist. Und natürlich kann er es nicht lassen, uns bei der Kreuzung darauf hinzuweisen, dass man hier links abbiegen sollte, um schneller ans Ziel zu kommen und überhaupt, vielleicht könnten wir mal die Scheinwerfer anmachen, es wird ja schließlich langsam dunkel. Fahren wir dem vorausfahrenden Auto eigentlich immer so dicht auf und bremsen dann rapide ab? Er hält sich mittlerweile schon angespannt am Türhandgriff fest. Wir finden diesen Zweifel an unseren Autofahrkünsten gar nicht amüsant. Unsere Mutter hat uns auch schon immer kritisiert und gesagt, was wir zu tun und zu lassen haben, und hat uns allgemein nichts zugetraut. Wir glaubten doch, dass unser Partner von Grund auf anders ist. Trotzdem hagelt es unentwegt Kritik. Der Scheinwerfer-Hinweis wird zum Katalysator und es bricht alles aus uns heraus, was wir unserer Mutter schon immer sagen wollten, aber nicht konnten. »Ja, ich kann das!«, wollen wir sagen, »Hör auf, deine Ängste auf mich zu projizieren!«

Und dann gibt es schließlich noch die richtig schlimmen Verletzungen – die Affäre ist ein klassisches Beispiel. Eine Affäre kann den Partner so sehr verletzen, dass in ihm dasselbe Gefühl des Verlassenwerdens wieder aufflammt wie damals beim Vater während des Scheidungskrieges seiner Eltern. »Wieso immer ich?«, fragt er sich, »warum bin ich nicht liebenswert genug?« Und die untreue Partnerin muss ihre Abgründe auch erforschen, verstehen lernen, warum sie jemandem so einen Seitenhieb versetzen, seine Treue so ausnutzen und seine Liebe so aufs Spiel setzen konnte. War es wirklich nur der Kick der Affäre oder kennt sie das Gefühl vielleicht selbst, dass mit ihrer Liebe leichtfertig umgegangen wurde? Dass Versprechen, die ihr gemacht wurden, auch nicht gehalten wurden? Natürlich schieben beide die Affäre erst mal auf den vielen Stress in der letzten Zeit, die vielen Berufsreisen, jene langweilige Konferenz, die die Partnerin direkt in die Arme des netten Kollegen getrieben hat. Wir schieben die Affäre auf unsere Midlife-Krise und unsere Frühlingsgefühle, auf das extra Glas Champagner beim Geschäftsessen und außerdem auf die vielen Unaufmerksamkeiten unseres Partners in der letzten Zeit, meinen, dass er sich ja sowieso schon seit langem nicht mehr wirklich für uns interessiert habe und so weiter und so fort. Wir wollen uns doch nur geliebt fühlen.

Egal wie groß oder klein eine Krise ist, ob wir unbewusst gegen die überkritische Mutter oder den einengenden Vater kämpfen, gegen das Gefühl, mit dem größeren Bruder nicht mithalten zu können oder im Vergleich zur jüngeren Schwester nicht schön genug, nicht schlau genug oder nicht redegewandt genug zu sein – ganz gleich, was unser unbewusstes Feindbild ist, unsere tiefe Verletzung, unsere größte Angst: Es wird der Tag kommen, an dem alle diese Skelette zum Vorschein kommen. Wenn wir nur lange genug in unserer Ehe ausharren, werden alle Ängste, Unsicherheiten und Minderwertigkeitsgefühle nach außen dringen.

Viele Psychologen haben hier dieselbe Auffassung: Wir können uns als Individuen und als Paar nur dann weiterentwickeln, wenn wir Krisen als notwendige Problemstellungen verstehen, die es zu überwinden gilt. Das Psychologenteam Ellyn Bader und Peter T. Pearson vergleicht diese Entwicklung in der Partnerschaft zum Beispiel mit den normalen Prozessen in der Natur: Jede Entwicklungsabfolge hat eine natürliche Ordnung, keine Stufe kann einfach so übersprungen werden, denn jedes Stadium gilt als Vorbereitung für das nächste, komplexere Stadium. Ein Schmetterling muss zum Beispiel zuerst Raupe sein, sonst kann er nicht zum Schmetterling werden. Ein Apfel kann nur aus einer Blüte entstehen, die davor Knospe gewesen sein muss. Und so ist es laut Bader und Pearson auch in der Paarbeziehung. Um zu einer lebenslangen, beständigen Liebe zu kommen, müssen wir notgedrungen verschiedene Konflikte durcharbeiten, sonst kommen wir nie beim gemütlich prasselnden Kaminfeuer an. Solche Konflikte sind von Paar zu Paar zwar individuell verschieden, aber es gibt dennoch eine Reihe von Eckpfeilern, die jedes Paar anstreben sollte, wenn es sich nach einer langfristigen funktionierenden Beziehung sehnt. Ein erster wichtiger Schritt ist die gesunde Abspaltung von der eigenen Familie. Diese sei nötig, um das Wir-Gefühl des Paares zu stärken, gemeinsame Entscheidungen treffen zu lernen, sich überhaupt gleichwertig zu fühlen, eine psychische und sexuelle Vertrautheit aufzubauen und sich gegenseitig emotional stützen zu lernen. Für manche Paare scheint dieser erste Schritt zur Gemeinsamkeit ein Kinderspiel zu sein, andere tun sich damit etwas schwerer.

Folgendes Szenario habe ich bei mehreren Paaren miterlebt und kenne es teilweise auch von meiner eigenen Geschichte: Ein junges Paar bezieht sein erstes gemeinsames Zuhause außer Reichweite beider Eltern. Zuerst sind beide Partner Feuer und Flamme, finden ihre neue Freiheit ganz wunderbar, bis dann irgendwann der Alltag eintritt und sich einer der Partner, häufig sie, plötzlich nach der Heimat und der Nähe ihrer Eltern sehnt. Sie hat nicht so schnell neue Freunde gefunden wie sie es sich erhoffte, und die neue Umgebung ist ihr einfach noch so fremd. Von Heimweh geplagt, zweifelt sie an der Entscheidung, so weit weg von ihren Eltern zu wohnen. Vielleicht sehnt sie sich unbewusst wieder nach der Geborgenheit des Elternhauses, hat vielleicht sogar ein bisschen Angst vor ihrer eigenen Selbstständigkeit. Zu Hause musste man sich nicht darum kümmern, Freunde zu finden, sie waren einfach so da. Alles scheint plötzlich viel schwerer zu sein als früher.

Er ist allerdings sehr glücklich mit dem neuen Wohnort, mag seinen Job und die abwechslungsreiche Umgebung. Und schon ist es passiert: Das Paar erlebt die erste Krise. Wenn beide ansonsten eine gleichwertige Beziehung führen und der Umzug nicht einfach über ihren Kopf hinweg entschieden wurde, dann wäre es die Aufgabe des Partners, sie in dieser Phase emotional zu stützen. Er könnte ihr zunächst einfach zuhören, sie immer wieder aufbauen, ihr Mut zusprechen und versuchen, seine Zufriedenheit mit der neuen Wohnsituation mit ihr zu teilen. Lernt er es nicht, lässt er sie mit ihren Gefühlen allein und sie fühlt sich von ihm unverstanden. Schon entsteht in der Paarbeziehung eine innere Distanz, die im Normalfall auch zu einer körperlichen Distanz führt und das Paar noch weiter voneinander entfernt. Die Krise weitet sich also aus und die Partnerin wird sich erst recht nach der Nähe und emotionalen Geborgenheit ihres Elternhauses sehnen. Dann ginge das Paar allerdings einen Schritt zurück, anstatt nach vorne. Keine Hürde wäre überwunden, keine nächste Partnerschaftsebene erreicht.

Also gut, er gibt sich alle Mühe sie zu verstehen, hört ihren Klagen eine Zeit lang tapfer zu, aber irgendwann ist es ihm genug, und er hat keine Lust mehr, ihre Gefühlsausbrüche auszubaden. Er reagiert immer weniger unterstützend, hat beim Zuhören immer weniger Geduld. Krise Nummer zwei ist im Anmarsch. Jetzt ist sie es, die lernen muss, dass er ihr die Gefühle von Heimweh nicht abnehmen und neue Freunde nicht herzaubern kann. Sie muss lernen, dass sie kein kleines Kind mehr ist, das bloß darauf warten muss, bis ihm jemand zu Hilfe eilt und seine Schwierigkeiten aus dem Weg räumt. Sie muss lernen, dass es nun wohl oder übel an ihr liegt, diesen Schritt selbst zu gehen.

Ich kann aus eigener Erfahrung nachempfinden wie schmerzhaft es ist, feststellen zu müssen, dass man plötzlich allein dafür verantwortlich ist, heimatliche Gefühle zu schaffen. Besonders wenn man nicht mal eben am Wochenende bei einem Kurztrip zu Mama und Papa Geborgenheitsgefühle auftanken kann. Es ist anstrengend, wenn man lernen muss, dass Freundschaften nicht einfach so da sind wie früher in der Schulzeit oder während des Studiums, sondern dass man sie sich aktiv suchen und Kontakte pflegen muss. Es ist aber auch heilsam, denn man lernt, dass Einsamkeit Mut machen kann, über den eigenen schüchternen Schatten zu springen und nicht darauf zu warten, dass der Partner einem Freunde serviert. Es hat mich gelehrt, mein Geborgenheitsgefühl nicht von Äußerlichkeiten abhängig zu machen und mein Heimatgefühl an Menschen und nicht an Ortschaften zu orientieren. In unserem Fall ging es ja nicht darum, ob wir in einer Stadt in der Nähe seiner oder meiner Eltern leben, sondern ob wir auf dem einen Kontinent oder dem anderen unsere Wurzeln schlagen wollen. Mein Mann ist Amerikaner mit amerikanischer Familie und Freunden. Wir hatten zu Beginn keine deutschen Bekannten, Verwandten oder sonstigen europäischen Kontakte in unserer Nähe. Ich kenne Paare, die zusammen ausgewandert sind und sich so gemeinsam ihre alte Heimat innerhalb ihres Haushaltes bewahren konnten. Das war bei mir und einigen anderen, die ich im Laufe der Zeit kennengelernt habe, nicht der Fall. Manchen fiel es ganz leicht, sich von ihrer deutschen Heimat zu verabschieden, anderen weniger. Ich gehörte eindeutig zu der zweiten Sorte. Ja, ich war freiwillig und ausgesprochen gerne zum Studieren in die USA gegangen und war mit dem Umfeld auch durchaus sehr glücklich, aber ich hatte mit 21 Jahren noch nicht geplant, mein ganzes Leben in den USA zu verbringen, und Mike auch nicht. Jung wie wir waren, hatten wir die naive Idee, mal hier und mal dort zu leben, ein- oder zweimal im Jahr nach Deutschland zu fliegen und beide Kulturen so weit wie möglich zu genießen. Wenn allerdings aus zwei Flugtickets fünf werden und der Schulalltag eintritt, ein Haus abgezahlt und fünf hungrige Mäuler gestopft werden müssen, dann werden aus solchen Träumen schnell Seifenblasen, die mir nichts dir nichts in der Luft zerplatzen. Was dann übrig bleibt, ist die Erkenntnis, dass man sein Leben lang, oder zumindest für einige Zeit, doch nur in einem Land und mit einer Kultur leben wird.

Mike hörte sich mein Heimweh also die ersten fünf Jahre lang tapfer an, bis ich eines Tages aus einem Deutschland-Urlaub zurück nach Amerika kam und endlich das Gefühl hatte, auch dort zu Hause zu sein. Ich hatte zu diesem Zeitpunkt auch die stille Entscheidung für mich getroffen, die USA endlich als mein Zuhause anzunehmen und Mike nicht weiter mit subtilen Schuldzuweisungen zu bombardieren. Diesen Schuld-Joker (»Du bist ja nicht weggezogen, sondern ich, und deswegen musst du mich trösten, mir mein Leben verschönern, das Geld für jährliche Heimreisen produzieren.«) wollte ich nicht weiter in unserer Beziehung haben. Ich hatte mich ja schließlich selbst für diese internationale Beziehung entschieden, hatte zu einer

Ehe und Familie ja gesagt, also war es auch klar, dass einer von uns in den sauren Apfel beißen und im Ausland sein neues Zuhause aufbauen musste. Außerdem sagte ich mir, wenn dieser Mann in diesem Land zu der Person geworden ist, die ich liebe, dann werde ich ja wohl auch das Land lieben lernen.

Diese Erfahrung war nicht nur für mich, sondern sicherlich auch für Mike eine große Erleichterung. Ich hatte endlich »Ja« zu unserer Situation gesagt und nicht mehr dagegen angekämpft. Ich hatte mich um Freunde bemüht und mich in der Schule unserer Kinder engagiert. Ich richtete endlich meinen Fokus auf die neuen Möglichkeiten und nicht mehr auf die Schwachpunkte meiner neuen Heimat. Und siehe da – plötzlich sah ich sogar Ähnlichkeiten zwischen meiner alten und meiner neuen Heimat, und nicht nur Unterschiede.

Hätte ich mich in meinen Gefühlen der Einsamkeit und Fremdheit verkrochen und nicht mit eisernem Willen und geistigen Spagat-Übungen versucht, diesen neuen Wohnort zu meiner Heimat zu machen, dann wären wir sicherlich beide irgendwann frustriert und desillusioniert an dieser Hürde gescheitert. Stattdessen haben wir durch diese schwierige Phase mehr Nähe gewonnen und ich würde sogar behaupten, dass sie mir außerdem zu mehr Weite und innerer Stärke verholfen hat. Schüchtern kann man mich mittlerweile, glaube ich, nicht mehr nennen und Bedenken vorm Umziehen habe ich auch keine mehr.

Wenn allerdings ein Partner nicht bereit ist, diese Gehirnakrobatik zu wagen, wird der andere Partner über kurz oder lang nicht nur frustriert, weil er nicht helfen kann, sondern fühlt sich vielleicht in seiner Rolle auch nicht mehr wohl, nimmt seine Partnerin nicht mehr als gleichberechtigte Person wahr, sondern als Anhängsel. Er will doch auf der gleichen Ebene stehen wie sie, liebte doch gerade ihre selbstbewusste Art. Hat er sich in ihr getäuscht? Ist sie vielleicht gar nicht so selbstbewusst, wie er es immer dachte? Diese emotionale Heulsuse hätte er doch nie geheiratet – was ist bloß passiert? Sie spürt seine Resignation, zieht sich womöglich ganz in ihre Einsamkeit zurück. Da findet keine Entwicklung zur nächsten Partnerschaftsstufe mehr statt, sondern reine Stagnation, Groll, Trauer und Zweifel. Manchmal ist es vielleicht nicht fair, dass einer von beiden diesen geistigen Spagat machen muss, egal um welches Thema es sich im Endeffekt handelt, während der andere auf seiner altbekannten Schiene weiterfahren darf. Aber einer muss ihn machen, denn wenn keiner die notwendigen Schritte gehen will, kommen wir auf unserem gemeinsamen Weg nicht vorwärts. Auf Dauer kann so eine Beziehung dann nur in innerer Distanzierung oder Trennung enden.

Krisen sind also nichts anderes als Hürden, die Paare überwinden müssen, um sich Stück für Stück zur nächsten Entwicklungsstufe vorzutasten. Bader und Pearson gehen übrigens davon aus, dass diese Entwicklungsstufen in der Partnerschaft ähnlich verlaufen wie in der frühen Kindheit. Wir müssen uns das so vorstellen: Jede Kindheitsphase erfüllt im Idealfall unterschiedliche psychologische und emotionale Bedürfnisse. Werden diese nicht ausreichend abgedeckt, können sie später in der Partnerschaft wieder als Problem, als Skelett, auftreten.

In den ersten Monaten nach der Geburt befindet sich ein Baby beispielsweise in der sogenannten »symbiotischen Phase«, in der es sich komplett mit der Mutter identifiziert – ihre Gefühle sind seine Gefühle, in ihrer Nähe fühlt es sich wohl, außer Reichweite der Mutter wird es nervös und beginnt zu weinen. Es ist in dieser Zeit praktisch eins mit der Mutter und fühlt sich bei ihr sicher. Genauso sei es auch zu Beginn einer Beziehung, da wir zunächst nur die guten Seiten des Partners wahrnehmen und das Gefühl haben, aus ein und demselben Holz geschnitzt zu sein. Während die Zuneigung einer Mutter ihrem Baby seelischen Halt und Sicherheit für sein Leben gibt, bildet die anfängliche intensive Zuneigung der Partner eine solide Grundlage für ihre ganze Beziehung. Nur wenn beide Partner bereit sind, sich voll und ganz aufeinander einzulassen, wird die Beziehung so stark, dass sie auch in schweren Zeiten widerstandsfähig bleibt. Scheitert das Paar schon in dieser ersten Phase, wird es womöglich nicht einmal den Schritt in das zweite Stadium schaffen.

Es ist fast so wie bei einem Hausbau: Wenn das Fundament nicht sorgfältig gegossen wurde, kann es die oberen Stockwerke nicht ordentlich tragen. Das gilt auch für jede weitere Etage des Partnerschafts-Hauses – nur wenn wir so lange an jeder Etage basteln und feilen, bis sie sicher sitzt, können wir mit dem Bau des nächsten Stockwerks beginnen. Natürlich können wir auch auf wackelige Etagen bauen und kommen vielleicht sogar irgendwann mit viel Glück beim Dachgeschoss an. Da so ein Beziehungshaus aber weitaus fragiler ist, darf es auf keinen Fall durch Erdbeben oder Stürme, wie zum Beispiel Geldsorgen und Krankheiten, auf Standhaftigkeit geprüft werden, denn es besteht permanente Einsturzgefahr.

Im Idealfall entwickelt sich unsere Beziehung laut Bader und Pearson also, genau wie unsere Kindheit, phasenweise – angefangen mit intensiver Nähe bis hin zu einem respektvollen, friedlichen und liebevollen Miteinander. Dazwischen liegen Stadien der Annäherung und auch der Entfernung vom Partner. In manchen Phasen geht es darum, ein stärkeres Miteinander zu finden, bei anderen ein ausgeprägteres Ich-Gefühl. Nach dem intensiven symbiotischen Babystadium beispielsweise freut sich das Kleinkind, wenn es merkt, dass es jetzt etwas selbstständiger die Welt entdecken kann und lernt, sich als Einzelperson wahrzunehmen. In einer Partnerschaft ist dieser Schritt genauso wichtig: Nach der Verliebtheitsphase, in der wir ein Herz und eine Seele sind, muss eine Zeit folgen, in der wir uns auf uns konzentrieren, uns als Einzelperson wieder neu entdecken. Vielleicht erinnern wir uns in solchen Zeiten wieder vermehrt an verlorengegangene Hobbys, nehmen wieder Kontakt zu Freunden aus der Kindheit auf, gehen neuen Freundschaften und Interessen nach. Natürlich sind wir in dieser Phase unserem Partner zeitweise nicht so nah. Aber diese Zeit der Distanz ist für unsere Entwicklung notwendig und danach wird wieder eine Phase der Nähe folgen. Wir dürfen nur nicht den Fehler machen zu denken, dass die Distanz ein Ende der Beziehung bedeutet. Ehrlichkeit und Treue dürfen auf keinen Fall verletzt werden – innere Distanz hin oder her.

Wenn sich einer der Partner emotional weigert, die nächste Stufe der Beziehung einzugehen, können laut Bader und Pearson direkte Verbindungen zu den parallelen Kindheitsstadien gezogen werden. Haben die Partner beispielsweise als Kinder nie gelernt, dass man sich auch trotz großer Unterschiede lieben kann, dann werden die Phasen der Entfernung voneinander zu Krisenzeiten ausarten. Dieses Szenario ist besonders für Scheidungskinder relevant. Bei ihnen wird Kritik aneinander schnell zu Zündstoff, um den gegenseitigen Ärger darüber anzuheizen, dass der andere einen wohl plötzlich nicht mehr so bedingungslos liebt wie am Anfang. Dann werden Unterschiede als Zeichen gedeutet, dass es sich beim Partner wohl doch nicht um den Traumprinzen oder die Seelenverwandte gehandelt haben kann. Lernt das Paar nicht, diesen Konflikt konstruktiv zu lösen, bleibt es immer auf der ersten Entwicklungsstufe stecken.

Das Psychologenteam erklärt, was passieren kann, wenn ein Paar in einem solchen Stadium festhängt und unterscheidet dabei zwei Fälle: Die einen Paare versuchen jeglichen Konflikt zu vermeiden und geben sich unbewusst der Illusion hin, ähnlicher zu sein als sie wirklich sind. Sie denken, dass sich zu unterschiedliche Partner nicht lieben könnten. Wir alle kennen solche Paare: Einer der beiden scheint ein echtes Chamäleon zu sein, war bei der makrobiotischen Partnerin ein überzeugter Gesundheitsfanatiker und mutierte mit der hübschen Restaurateurin zum Weinliebhaber.

Die anderen Paare, die mit den Unterschieden des anderen Schwierigkeiten haben, kämpfen auf Teufel komm raus. Oft stecken solche Paare in einem regelrechten Teufelskreis fest: Sie haben einerseits zu viel Angst davor, die Partnerschaft zu beenden, haben aber auch nicht gelernt, wie sie ihre Kämpfe konstruktiv schlichten können. Was am Ende übrig bleibt, ist ein einziger Kreislauf aus Anklagen und seelischen Verletzungen, aus dem es ohne professionelle Hilfe keinen Ausweg mehr zu geben scheint.

Natürlich können wir unsere Entwicklungsprozesse nicht immer aufeinander abstimmen – oft ist einer der Partner schon auf dem Weg ins nächste Stadium, während der andere noch krampfhaft versucht, am alten Stadium festzuhalten. Ein typisches Beispiel dafür ist die Phase, wenn die Kinder langsam älter werden und die Mutter nicht mehr so intensiv brauchen wie vorher. Oft spürt sie dann eine neue Sehnsucht nach Selbstständigkeit und Lebenslust, ihr Mann will aber an der alten Familienkonstellation festhalten. Hat doch wunderbar funktioniert. Wieso soll jetzt plötzlich alles auf den Kopf gestellt werden? Müsste er vielleicht seine familiären Pflichten ändern, auch einmal einkaufen oder womöglich sogar kochen? Viele meiner Freundinnen, die sich nach der Kleinkindzeit ihrer Kinder wieder vorsichtig ins Berufsleben vortasten wollten, beklagten sich, dass besonders das erste Jahr von extremer Doppelbelastung gekennzeichnet war. Die Partner waren auf die neue Situation ihrer Frauen noch nicht eingestellt. Sie standen der Vorstellung von einem größeren Familieneinkommen zwar positiv gegenüber, aber jetzt, wo sie plötzlich auch den Kinder-Taxi-Service übernehmen müssen oder die Badezimmer putzen sollen, gefällt ihnen die neue Rollenaufteilung nicht mehr besonders gut. Am liebsten würden sie die Zeit zurückdrehen. Frauen berichten in dieser Phase von vielen Schlachten, die mühsam gefochten werden mussten, bis sich ein neuer Status Quo eingestellt hatte, der für beide akzeptabel war.

Es ist ja auch ganz normal, dass sich einer der Partner erst einmal gegen die Neuerungen wehrt. Der andere hatte sich schon monate-, vielleicht jahrelang mit dem Gedanken der Veränderung beschäftigt, aber für den einen tritt sie relativ plötzlich ein.

Wenn der Wille zur Gemeinschaft da ist, werden aber beide Partner aufeinander zugehen, Kompromisse akzeptieren und sich den neuen Herausforderungen stellen. Die Fragen, die wir uns in solchen Zeiten immer wieder stellen müssen, sind: Wie kann ich mich weiterentwickeln und trotzdem noch die Verbundenheit zu meinem Partner spüren, vielleicht sogar verbessern? Wie kann ich mich zurückziehen und meinem Partner gleichzeitig die Sicherheit geben, dass ich zwar momentan an mir zweifle, aber nicht an uns? Krisenzeiten bieten also immer auch die Möglichkeit zur Verbesserung und gemeinsamen Neuorientierung!

Hier liegt das Dilemma: Wir sehen uns viel zu häufig als Individuen, als Partnerschaftshelden, da wir selbst natürlich eindeutig mehr in die Beziehung einbringen als der andere. Wir sehen uns oft nur aus unserem eigenen Blickwinkel, glauben, alles richtig gemacht zu haben und fragen uns, wieso es denn jetzt überhaupt zur Krise kommen konnte. Mike und ich hatten einmal eine Auseinandersetzung, in der wir beide meinten absolut im Recht zu sein. Es handelte sich um ein ganz banales Missverständnis, wie so oft in Partnerschaften. Wir glaubten, ganz neutral zu der richtigen Schlussfolgerung gekommen zu sein, die aber nicht mit der des anderen übereinstimmte. Wir haben so lange hin und her diskutiert, bis wir uns eingestehen mussten, dass wir einfach aus verschiedenen Blickwinkeln und mit unterschiedlichen Vorgeschichten zu unseren, ach so logischen, Schlussfolgerungen kamen. Wir mussten lernen zu akzeptieren, dass unsere Auffassungen von »richtig« subjektiv waren und unsere Interpretationen von der des anderen auch.

Es ist natürlich ein Trugschluss zu glauben, dass wir immer der gute und starke Partner sind, vielleicht sogar der, der den anderen ständig stärkt und stützt. Die Realität sieht anders aus: Jeder hat seine Geschichte, seine Verletzungen und seine Schwachpunkte. Wenn wir meinen, den anderen immer aufbauen und stützen zu müssen, ist unsere Schwäche vielleicht, dass wir uns nicht ausreichend von den Leiden des anderen distanzieren können. Wenn wir meinen, immer der Stärkere sein zu müssen, ist unsere Schwäche vielleicht, dass wir uns unser eigenes Bedürfnis, uns fallen zu lassen, nicht zugestehen. Deshalb brauchen wir jemanden, auf den wir zeigen können, um zu sagen: »Schaut her, wie schwächlich er sich wieder benimmt, dann muss ich ja stark sein.« Solche Sätze habe ich schon oft genug gehört, und sie suggerieren immer ein unausgeglichenes Partnerschaftsverhältnis – ein Partner sei der starke, der andere der schwache. Daran glaube ich persönlich nicht. In meinem Wirtschaftsstudium lernte ich die ganz einfache Weisheit, dass jeder nur dann etwas macht, wenn es ihm etwas bringt. Wenn einer der »Starke« ist, dann braucht er vielleicht das Gefühl der Kontrolle und will nichts dem Zufall überlassen. Der »Schwache« braucht diese Dinge vielleicht einfach nicht im Leben. Vielleicht genießt der »starke« Partner unbewusst, den anderen zu schwächen und ignoriert, dass er in anderen Bereichen auch Schwächen hat. Eine Frau erzählte mir, wie sie sich jahrelang darüber aufregte, dass ihr Mann sich immer im wildesten Trubel eine kurze Auszeit gönnte und sich für einen Mittagsschlaf hinlegte. Anfangs fand sie sein Verhalten einfach nur rücksichtslos und unverschämt, bis sie sich eines Tages bewusst wurde, dass sie sich auch gerne eine Auszeit gönnen würde, sich diese aber niemals zugestehen würde. Sie merkte, dass sie sich zwar immer über seine Schwäche aufregte, aber eigentlich ihre eigene Schwäche bekämpfte. Sie traute sich nicht, Arbeit abzugeben, sich in Stresszeiten Pausen und Ruhe zu gönnen, so wie ihr Mann es tat. Jeder hat also seine individuellen Stärken und seine Schwächen und manchmal ist es nicht ganz eindeutig, was die Stärken und was die Schwächen sind. Eines ist allerdings sicher: Beide Partner tragen die Verantwortung für ihre eigenen Schwachpunkte selbst. Der irländische Schriftsteller C. S. Lewis sagt es ganz schlicht: »Wir wussten beide: ich hatte meine Leiden, nicht ihre, und sie hatte ihre Leiden, nicht meine.«

Obwohl uns also die Verbindlichkeit der Ehe die Möglichkeit bietet, unsere individuellen Leiden mit Hilfe unseres Partners neu zu ordnen, haben wir trotzdem Angst vor Krisen. Wir sind uns nie sicher, ob wir nach heftigen Auseinandersetzungen wieder so glücklich sein werden wie davor. Dass wir vielleicht sogar noch glücklicher werden könnten, scheint pure Illusion. Also zögern wir notwendige Diskussionen und Aussprachen heraus. Aber diese Konfrontationen müssen geäußert und ausgefochten werden – warum denn nicht innerhalb der Ehe, wo wir uns doch ewige Treue und Zusammenhalt geschworen haben? Da kann doch eigentlich nichts schief gehen!

Ich stelle mir das so ähnlich vor wie bei unseren Kindern: Kleinkinder haben meiner Erfahrung nach ihre Tobsuchtsanfälle immer bei den Personen, bei denen sie sich bedingungslos geliebt wissen. Natürlich auch bei denjenigen, die ihr Verhalten ohne Konsequenzen dulden, aber generell probieren Kinder es bei jeder Person, die ihnen irgendwie nahe steht, mindestens einmal. Wenn das Kleinkind also beispielsweise im Supermarkt schon wieder einen Nervenzusammenbruch vortäuscht, weil es die Gummibärchen an der Kasse nicht bekommt, wird es zwar von Mama oder Papa böse angeschaut. Und natürlich werden Mama und Papa auch ärgerlich und schimpfen – vorsichtig, um sich nicht vor den anderen Einkäufern bloßzustellen. Natürlich bekommen die Kinder dann im Auto eine Standpauke, dass sie sich so ein Verhalten aber schleunigst abgewöhnen müssen und sich Gummibärchen in der nächsten Zeit gleich mal abschminken können. Aber trotzdem kriegen sie abends im Bett ihren Gute-Nacht-Kuss und wissen sich geliebt.

Ich bin mir sicher, dass Kinder diesen Zusammenhang zwischen bedingungsloser Liebe und vergänglichem Ärger tief im Unterbewusstsein verstehen und ihrer Wut und Frustration deshalb nur bei denjenigen freien Lauf lassen, die ihnen uneingeschränkte Liebe schenken, bei denen sie ihre Schwächen zeigen dürfen.

Bei der Liebe zum Partner ist es nicht anders: Wenn wir uns sicher fühlen, wenn wir meinen, trotz unserer Schwächen weiterhin geliebt zu werden, dann trauen wir uns, unsere tiefsten Abgründe zu offenbaren. Dann darf es zum Streit kommen, und wir dürfen unseren Partner herausfordern oder von ihm herausgefordert werden. Dann darf es zum Konflikt kommen, weil wir ständig wieder über das versteckte Skelett unter dem Teppich stolpern und nicht darum herumkommen, es endlich zu sortieren. Dann dürfen Zeiten der Distanz und der Nähe gelebt werden. Die Verbindlichkeit einer Ehe gibt uns genau diesen sicheren Raum, um unsere Krisen zu Möglichkeiten umzuwandeln und alte Muster abzulegen. Wenn wir zögern, diese Offenheit zu wagen, müssen wir uns vielleicht fragen, ob wir unserem Partner womöglich nicht zutrauen, dass er uns trotz unserer Schwachpunkte wirklich lieben kann.

Ihnen ist noch nicht ganz klar, wie Sie Krisen zu Beziehungschancen umwandeln und damit größere Partnerschaftskatastrophen vermeiden können? Sie hätten also gerne noch konkrete Anweisungen? Ich frage einfach diejenigen, die sich in solchen Angelegenheiten mittlerweile gut auskennen.

Das Ehepaar mit den unzähligen Unterschieden und wenigen Gemeinsamkeiten zum Beispiel, versucht mir diese Verwandlung von Krisen in Chancen etwa so zu erklären: Stellen Sie sich vor, Sie streiten mit ihrem Liebsten über ein Problem XY. Sie sind frustriert und genervt und dieser eine Satz oder jene eine Handlung ihres Partners hat Sie während Ihrer Auseinandersetzung besonders getroffen. Jetzt müssen Sie sich fragen, was denn in Ihnen berührt wurde, dass Sie plötzlich so in die Luft gehen. Kommt Ihnen die Situation irgendwie bekannt vor? Vielleicht aus Ihrer Kindheit, vielleicht aus einer früheren

Beziehung? Das Ehepaar gibt mir daraufhin den praktischen Tipp: Wenn uns auffällt, dass wir in bestimmten Situationen immer wieder besonders gereizt reagieren, wenn uns manche Handlungen mehr als andere treffen, wenn unsere Reaktion nicht der Aktion des anderen entspricht, sondern über ein entsprechendes Maß hinausgeht, dann sollen wir tiefer bohren und nicht einfach weiter über Oberflächlichkeit diskutieren. Dann sollen wir das Problem XY nicht unserem Partner oder unserer Beziehung zuschreiben, sondern als individuelle Einheit isolieren.

Mit ihren Händen gestikulieren beide wild in der Luft herum, zeigen mal nach oben, mal nach unten und wollen mir damit, glaube ich, folgendes veranschaulichen: Wenn sich ein Problem in der Partnerschaft ankündigt, sollen wir es als geschlossene Problem-Einheit betrachten, die »unten« liegt, während unsere Partnerschaft »oben« schwebt, unangetastet von unserem Problem. Es ist fast, als ob wir uns lediglich um ein Glas verschüttete Milch beim Abendessen kümmern müssen – es liegt vor uns, muss aufgeputzt werden, verschlechtert zwar die allgemeine Stimmung am Esstisch, hat aber keinen Einfluss auf das restliche Festmahl. Wir sollen unsere Energien also dafür einsetzen, dass wir ein Problem gemeinsam lösen, nicht dafür, das Problem auszuweiten oder womöglich gleich mal unsere gesamte Partnerschaft in Frage zu stellen. Ein Problem braucht eine Lösung, nicht ein noch größeres Problem. Und die Gefühle, die wir bei Problem XY gespürt haben, die einen tiefliegenden Nerv getroffen haben, die müssen wir eigenhändig anschauen, selbst reflektieren sozusagen, denn diese Gefühle haben oft mit dem verschütteten Milchglas gar nichts zu tun. Das hört sich ja nicht allzu schwierig an! Aber welche Lebenssituationen fördern überhaupt Partnerschaftsprobleme? Könnte man uns jüngere Paare vielleicht schon einmal vorwarnen, damit wir nicht ganz blindlings in die Gefahrenzonen hineindonnern?

Ich frage Paare, die darin geübt sind, Krisen als sanfte Wellen zu begreifen – sie kommen und gehen, aber zerstören nichts mehr. Die wohl bekannteste Schriftstellerin der klassischen, englischen Liebesgeschichte, Jane Austin, stellte einmal ernüchternd fest: »Zufriedenheit in der Ehe ist reine Glückssache.« Da würden ihr wohl diese langverheirateten Paare ernsthaft wiedersprechen, denn sie haben ihr Glück nicht dem Zufall überlassen. Sie haben die Knochen aufgesammelt und geordnet wieder zusammengefügt. Wer kann also besser darüber Auskunft geben, wie man Krisen gemeinsam meistert, als diejenigen, die nach vielen Höhen und Tiefen noch lachend auf demselben Sofa sitzen? Da scheint die Dopamin-Ausschüttung trotz der vielen Ehejahre noch gut zu funktionieren. Zwar hat ihre körperliche Kraft im Alter sichtlich nachgelassen, aber hinter der leicht faltigen Fassade dieser zufriedenen Paare vermute ich psychologische Muskelpakete der Extraklasse: Ehe-Gurus im Senioren-Pelz sozusagen – oder Skelett-Puzzlemeister mit fotografischem Gedächtnis.

Ich treffe Paul und Marianne in einem ruhigen, gemütlichen Café. Wir setzen uns auf die Terrasse, um die schöne Herbstsonne genießen zu können. Paul hatte mich vorgewarnt, dass ich das, was seine Frau mir erzählen würde, manchmal nicht ganz ernst nehmen darf – sie sei an Alzheimer erkrankt. Schnell wird mir allerdings klar, dass ich mir darüber nicht viele Sorgen machen muss, da er sowieso der gesprächigere von beiden ist. Ihre Alzheimer-Erkrankung fällt mir auch noch gar nicht auf.

Ich frage beide gleich zu Beginn des Gesprächs nach Krisenzeiten und erwarte, dass Alzheimer ihre wohl größte Hürde sein muss. Nein, sagt Paul, die ersten Monate nach seiner Stationierung in Deutschland nach dem Korea-Krieg seien eindeutig die schwierigsten in ihrer langen Ehe gewesen. Er sei innerlich immer so getrieben gewesen, wollte etwas von der Welt sehen, und Marianne wollte nur in der Nähe ihrer Eltern bleiben. Sie war Einzelkind und fühlte sich für ihre Eltern verantwortlich. Seine Stationierung in Deutschland hatte seinen Horizont erweitert und er konnte sich danach einfach nicht mehr in den kleinen Heimatort einfügen. Er gibt zu, am Anfang ein schwieriger Ehemann gewesen zu sein, aber sie waren mit ihren knapp 22 Jahren auch noch so jung gewesen. »Wir waren gerade einmal vier Wochen verheiratet, bevor ich für 13 Monate nach Deutschland musste. Ich kam als ganz anderer Mensch zurück, als ich es davor war – das Militär, das fremde Land und die Menschen, mit denen ich zu tun hatte, hatten mich stark verändert. Marianne und ich konnten damals auch keinen regelmäßigen Kontakt halten, haben vielleicht kurze fünf Minuten an Weihnachten telefoniert. Wir mussten uns also erst einmal neu kennenlernen. Sie war in der Zeit bei ihren Eltern geblieben – für sie hatte sich nichts verändert, und für mich alles. Ich wollte umziehen, weg aus unserem kleinen Ort, und sie wollte bleiben.« Wie sie diesen Konflikt überwunden hätten, fragte ich nach. Paul erzählt, dass er lernte zu akzeptieren, dass sie als Einzelkind in der Nähe ihrer Eltern leben wollte, und Marianne stimmte freiwillig einem Umzug zu, als ihre Eltern gestorben waren und sie sich endlich von ihren töchterlichen Verpflichtungen befreit fühlte. Sie wollte seinen Entdeckerdrang ja nie bändigen, wäre überall mit ihm hingezogen, hatte aber eben ein Verantwortungsgefühl für ihre Eltern. Beide hatten das Gefühl, dass der Umzug die richtige Entscheidung für sie als Paar gewesen war. Sie haben schnell neue Freunde und Hobbys gefunden, und nachdem alle fünf Kinder ausgezogen waren, gingen die beiden sogar auf monatelange Reisen in ihrem Wohnwagen.

Ich frage, ob es andere Krisen in ihrer 58-jährigen Ehe gab, die beide schallend lachend 55 Jahre zu lang nennen. Die ersten drei Jahre seien so schwierig gewesen, dass sie überrascht seien, doch noch weitere 55 Jahre zusammengeblieben zu sein.

Geldsorgen hätten sie gehabt, meint Paul, aber die hatte zu der damaligen Zeit jeder. Beide seien allerdings so arm aufgewachsen, dass sie sich trotzdem glücklich schätzten. »Menschen heutzutage haben einfach zu hohe Ansprüche, was das Leben und die Ehe für sie bieten soll. Wir waren damals mit weniger zufrieden und deswegen auch glücklich«, meint Paul und streicht seiner Frau über die Hand, die ihm lachend recht gibt. Es habe natürlich Höhen und Tiefen gegeben, aber so wie bei anderen Paaren eben auch. Paul gibt zu, dass er in schwierigen Phasen immer wieder darüber nachdachte, ob das Positive oder das Negative in ihrer Partnerschaft überwiege, aber jedes Mal wieder zum gleichen Schluss kam, dass es viel mehr gute Aspekte in ihrer Ehe gäbe und es sich deshalb lohne auszuharren und die einzelnen Probleme zu lösen. »Wissen Sie«, sagt er abschließend, »Ich könnte wirklich nicht mit jemand anderem leben. Vielleicht könnte ich mal kurzfristig mit einer anderen sechs Monate oder so verheiratet sein, aber sie ist die einzige, die mich so sein lässt wie ich bin. Sie ist unglaublich unkompliziert. Außerdem ist es so wunderbar gemütlich und entspannend zusammen.« Ich bin mir sicher, dass sie auch mit dreckigem, stehengelassenem Geschirr, Autofahr-Kritiken und Läuseplagen zu kämpfen hatten, mit Kindersorgen, Jobsorgen und Gesundheitssorgen. Wenn man sich allerdings mit seinem

Partner so sicher und geborgen fühlt wie diese beiden, wirken solche Probleme anscheinend im Nachhinein nicht einmal mehr nennenswert. Ja, die beiden machen einen durchaus friedlichen und zufriedenen Eindruck. Auf dem Weg zu meinem Auto sehe ich, wie sie sich einen Tisch weiter setzen, um die Herbstsonne besser genießen zu können, und sich in aller Ruhe noch einen Kaffee bestellen.

Gemütlich haben es auch Mark und Linda, doch ihre quirlige, leidenschaftliche Art steht im vollen Kontrast zu Paul und Mariannes ruhigem Zusammensein. Ganz ehrlich – so ein Paar habe ich noch nie getroffen! Beide sind um die siebzig. Er war kurzfristig Marine-Soldat, dann Student, Handwerker und später noch Sozialarbeiter, weil die Habilitierung als Vater von vier Kindern etwas zu lange dauerte und er für seine Familie Geld verdienen musste. Sie war erst als Sozialarbeiterin tätig, dann als Entwicklungshelferin.

Während der gesamten mehrstündigen Garten-Party, auf der ich Mark und Linda kennenlerne, sucht sein Blick immer wieder den ihren. Sie ist grazil, redegewandt, chic, eine schöne, natürliche Frau – selbstständig und unangepasst. Er reißt mit seiner herben, manchmal zu lauten Stimme ab und an ein kleines Witzchen. Sicherlich war er früher ein stattlicher Mann gewesen, der seiner Frau »fünf Jahre hinterherlaufen musste, bevor sie endlich ja sagte«. Trotz seines selbstbewussten Auftretens scheint er sich an ihr zu orientieren. Beim Gruppenfoto nehmen sich beide wie ein frisch verliebtes Paar in den Arm – trotz ihrer vier erwachsenen Kinder und zahlreicher Enkel scheint dieses Paar sich selbst im Mittelpunkt ihrer Beziehung erhalten zu haben. Sie scheinen miteinander immer noch so viel Spaß zu haben, dass man ihnen auch heute noch jeden Jux zutrauen würde. Als ich sie nochmals besuche, kommen sie gerade von einer gemeinsamen Joggingrunde zurück.

»Was Mark so besonders macht? Wir hatten eine total gleichwertige Beziehung, von Anfang an. Er ging zu den Elternabenden und Tupperware-Partys und unterstützte mich in meiner Karriere. Ich war die älteste von zehn Kindern, mein Vater starb, als ich gerade achtzehn war, ich war einfach daran gewöhnt zu arbeiten.« Ob gemeinsame Interessen wichtig sind, frage ich. »Wahrscheinlich sind sie nicht absolut notwendig«, sagt Mark. »Aber wir sind einfach total gerne zusammen und suchen uns deshalb oft Aktivitäten aus, die uns beide interessieren, damit wir Zeit zusammen verbringen können«, sagt Linda. »Ich weiß, das hört sich jetzt total schnulzig an, aber ich bin eben glücklicher, wenn ich mit ihm bin, als wenn ich ohne ihn bin. Wir haben uns so jung kennengelernt, ich war 18, er 22, dass wir einfach so miteinander verwebt sind, fast wie ein zweiköpfiger Organismus. Aber es ist überhaupt nicht so, dass einer den anderen unterdrückt, sondern ich empfinde es eher als ungemein bestärkend, mit ihm zusammen zu sein. Ich hatte zwar immer das Gefühl, ein nettes Mädchen zu sein, aber Mark hat mir das Gefühl gegeben, ein interessantes und einzigartiges Mädchen zu sein. Er schien und scheint immer noch alles, was aus meinem Mund kommt, interessant zu finden!« »Und sie«, meint Mark, »ignoriert gekonnt alle blöden Sachen, die aus meinem Mund kommen.«

»Gab es denn gar keine Krisen?«, will ich wissen. »Naja, ich war einmal für etwa sechs Jahre ein bisschen ärgerlich mit ihm«, gibt Linda grinsend zu. »Wir hatten vier Kinder in fünf Jahren gekriegt, und da ich Struktur und Konsequenzen wichtig fand und er lieber der lustige, unbeschwerte Typ war, wurde ich in die strenge Mutterrolle gedrängt, die ich gar nicht mochte.

Dann fasste ich eines Abends den Entschluss, ihm keine großen Vorwürfe zu machen, nicht zu sagen »Du lässt mich immer die böse Mutter sein«, sondern habe ihm in jeder Situation einzeln gesagt, was mich gerade konkret stört, und plötzlich lief unsere Beziehung wieder wie am Schnürchen.« Das war's? Dass die zwei nicht mit Affären zu kämpfen hatten, ist mir klar – sie ist so selbstbewusst und trotzdem noch so in ihren Mann verliebt, dass er sich sicherlich nicht nach anderen Frauen umschauen musste. Für Linda wären andere Männer auch kein Thema gewesen. Sie ist katholisch erzogen worden, und der Glaube ist ihr immer wichtig gewesen. »Stellen Sie sich vor«, sagt sie, »in den fünf Jahren, die wir zusammen waren, bevor wir schließlich heirateten, hatten wir tatsächlich kein einziges Mal Sex. Das ist selbst für uns im Nachhinein schwer zu glauben!« »Aber wir haben uns mindestens 200 000 Mal leidenschaftlich geküsst!«, meint Mark und blinzelt seine Frau an. Ich kann es gar nicht glauben – die zwei flirten tatsächlich vor meinen Augen. »Wir haben beide einfach das Gefühl, so wahnsinnig viel Glück gehabt zu haben, uns zufällig bei einem Blind Date mit Freunden getroffen zu haben«, sagt Linda am Ende unseres Gesprächs. Es geht ihr also nicht um das Glück mit ihrer Beziehung, sondern das Glück, den richtigen Menschen gefunden zu haben, mit dem sie in guten und schweren Zeiten eine liebevolle Beziehung führen kann. Dass Marks Krebserkrankung vor einigen Jahren sie nach langer Aufbauarbeit in Afrika aus medizinischen Gründen wieder in die USA zurück gezwungen hatte, obwohl beide die Zeit in Malawi und Nigeria so unheimlich genossen hatten, erwähnen sie nur ganz nebenbei.

Langsam wird mir eines klar: Probleme werden nur dann zu Krisen, wenn ein Partner das Gefühl hat, dass der andere Partner gegen ihn handelt. Affären, unkontrolliertes Geldausgeben, Geheimnishüterei, Alkoholismus oder sonstige Probleme – wenn ein Partner das Gefühl hat, der andere hatte in seinem Handeln eine Wahl und entscheidet sich gegen das gemeinsame, partnerschaftliche Glück, dann entsteht eine Partnerschaftskrise. Es gibt also Lebenskrisen, die nur durch unser Tun oder Nichtstun zu Beziehungskrisen werden können. Wenn ein Partner erkrankt, kann er dafür im Regelfall nichts. Ob der andere mit der Erkrankung seines Partners feinfühlig umgeht oder nicht, liegt sehr wohl in seinem Ermessen. Wenn ein Partner seinen Job aufgrund der schlechten wirtschaftlichen Lage verliert, aber alles dafür tut, eine neue Position zu finden, dann muss diese schwierige Phase nicht zur Ehekrise ausarten, sondern kann zu einer intensiven Zeit werden, in der beide zusammenhalten müssen. Wenn er allerdings depressiv im Bett liegt und keinen Schritt dafür tut, seine Lage zu verbessern, wird seine Partnerschaft auch in Mitleidenschaft gezogen. Wenn die Partnerin trotz Jobverlust des anderen weiter ausgiebige Einkäufe tätigt, wird eine Beziehungskrise ebenfalls unausweichlich sein.

Kein Wunder also, dass diese Paare kaum von Krisen zu erzählen hatten, denn sie scheinen verstanden zu haben, dass sie nicht gegeneinander, sondern miteinander durchs Leben gehen. Dabei trägt jeder selbst die Verantwortung, dass dieses Miteinander auch gelingen kann.

Wenn wir in konfliktreichen Zeiten also behutsam unsere Handlungen auf Zusammengehörigkeit auslegen, können wir partnerschaftlichen Katastrophen von vornherein aus dem Weg gehen. Gleichzeitig können uns wiederkehrende Probleme auch als Schlüssel zu unseren tiefsten Unsicherheiten und alten Wunden dienen, denen wir uns mit Hilfe von unserem Partner endlich stellen können – als Selbstverbesserungsmechanismus sozusagen. Wenn wir außerdem Probleme einfach als isolierte Einheiten betrachten können, die es zusammen zu meistern gilt, dann können uns solche Konflikte sogar enger zusammenschweißen. Vielleicht ist einer von uns einfach gerade dabei, in eine neue Phase einzutreten, und der andere zögert noch. Es gibt viele Gründe, warum Reibungspunkte innerhalb der Partnerschaft entstehen, und es ist beruhigend zu wissen, dass solche Krisen einem normalen, natürlichen Prozess folgen, der am Ende sogar eine Verbesserung mit sich bringen kann. Der Autor Doug Larson ist sich sicher, dass mehr Ehen überleben würden, wenn die Partner nur verstehen könnten, dass »manchmal das bessere nach dem schlechteren kommt«. Krisen sind eben auch Wendepunkte, und es liegt an uns, welche Richtung unsere Beziehung einschlägt. Vielleicht hilft uns diese Gewissheit, wenn die nächste schwarze Wolke über unserer Beziehung auftaucht und wir uns der Krisensituation (fälschlicherweise) ausgeliefert fühlen.

9

Da bleiben, um lieben zu lernen

»Ist Lieben eine Kunst?«, fragt der Psychoanalytiker Erich Fromm. »Wenn es das ist, dann wird von dem, der diese Kunst beherrschen will, verlangt, dass er etwas weiß und dass er keine Mühe scheut. Oder ist die Liebe nur eine angenehme Empfindung, die man rein zufällig erfährt, etwas, was einem sozusagen ›in den Schoß fällt‹, wenn man Glück hat?«[1] Seiner Meinung nach ist es so: »Die meisten Menschen sehen das Problem der Liebe in erster Linie als das Problem, selbst geliebt zu werden, statt zu lieben und lieben zu können. Daher geht es für sie nur darum, wie man es erreicht, geliebt zu werden, wie man liebenswert wird.«[2]

Wir stecken unsere ganze Energie also in eine tolle Karriere oder unser attraktives Aussehen, um am Ende hoffentlich mehr geliebt zu werden. Wenn es in der Partnerschaft kriselt, haben wir Angst vor Liebesverlust, anstatt uns zu fragen, wie wir selbst mehr lieben können. Leider verstehen wir heutzutage Liebe als ein passives Gefühl, das entweder da ist oder nicht, über das wir selbst nicht viel Kontrolle zu haben meinen. Also versuchen wir uns krampfhaft so zu verhalten, dass die Liebe beim Partner nicht abhandenkommt – dass wir liebenswert bleiben. Anscheinend ist aber die ewige Jagd danach »geliebt zu werden« nicht das Rezept, um auf Dauer auch tatsächlich mehr Liebe zu erfahren. Wir denken es reicht, wenn wir einen Seelenverwandten finden, weil die Liebe dann von Natur aus einfach so und für immer da ist, ohne größeren Aufwand unsererseits.

Aber die dauerhafte Liebe ist nicht nur »eine angenehme Empfindung«, die einem »sozusagen in den Schoß fällt«. Verliebt sein schon, tiefe Liebe nicht. Kein Paar, das ich interviewt habe, sagte mir, es hätte mit der Liebe schlichtweg Glück gehabt. Mit dem Partner schon, mit der langen Liebe nicht. Alle haben auf ihre Art und Weise Geistesakrobatik betrieben, um so entspannt, geerdet und im Frieden mit sich zu sein, wie ich sie getroffen habe. Jeder musste in irgendeiner Weise an sich selbst arbeiten, um das »Kunststück Liebe« tatsächlich vollbringen zu können.

Es kam mir allerdings so vor, als ob diese Paare nicht nur mit ihrer Partnerschaft mehr als zufrieden seien, sondern auch mit sich selbst. Natürlich liegt das auch daran, dass sich nur diejenigen mit mir über dieses Thema unterhalten wollten, die nichts zu verheimlichen haben, die tatsächlich mit sich und ihrer Partnerschaft im Reinen sind, die keine Fassade präsentieren müssen, weder von ihrer Partnerschaft noch von sich selbst. Wie dem auch sei, ich habe Paare getroffen, die mich inspiriert haben, aber nicht nur als Paar, sondern auch als individuelle Persönlichkeiten – weise, nachdenklich, redegewandt, humorvoll und glücklich.

In unseren Gesprächen haben wir viel gelacht: über unsere anfänglichen Irrtümer in der Ehe, über unsere Schwächen und Macken, mit denen unsere Partner auskommen müssen, und über die Tatsache, dass Menschen viel zu häufig ihre Energie dafür verschwenden, dem perfekten Liebhaber-Ideal nachzulaufen, statt selbst an der perfekten Liebe zu arbeiten. Wir meinen, einen Partner finden zu müssen, der doch bitte noch romantischer, noch aufrichtiger, noch attraktiver sein soll – einen, der uns noch mehr liebt, anstatt zu lernen, wie wir selbst noch mehr lieben können. Aber wie kann man überhaupt lernen, dem anderen aus sich heraus freiwillige und bedingungslose Liebe zu schenken?

Stellen Sie sich vor, es ist ein wunderschöner Sommermorgen. Sie haben gut gefrühstückt, kommen ausgeruht vom Wochenende zur Arbeit und werden von Ihrem Chef für Ihre letzte Präsentation ganz besonders gelobt, und außerdem stehe Ihnen Ihr neues Outfit »wie auf den Leib geschneidert«, bemerkt er nebenbei. Wie fühlen Sie sich in diesem Moment? Wunderbar fühlen Sie sich! Wäre da nicht Ihr Partner zu Hause, würden Sie Ihren Chef gleich mal umarmen, so gut fühlen Sie sich. Aber Ihr Partner darf sich auch freuen, denn wenn Sie abends heimkommen, strahlen Sie immer noch bis über beide Ohren und fühlen sich in Ihrem »auf den Leib geschneiderten« Kleid heute besonders schön, was wiederum Ihr Partner attraktiv findet – und so haben Sie nach diesem wunderbaren Tag auch noch einen wunderbaren Abend.

Wenn wir uns so einen Tag vorstellen, an dem einfach alles gut läuft, an dem uns alles gelingt und uns die Komplimente nur so um die Ohren fliegen, dann strahlen wir vor Glück und wollen es am liebsten mit anderen teilen. An solchen Tagen empfinden wir die Liebe zu unserem Partner besonders stark, obwohl der ja vielleicht mit unserem Glück gar nichts zu tun hatte. Wir fühlen so viel Liebe für andere, weil wir unsere Liebe zu uns selbst spüren, uns heute so richtig gut leiden können und auch, weil wir uns von anderen geliebt und bestätigt fühlen. An solchen Tagen fällt es uns richtig leicht, Liebe zu schenken.

Stammt die Liebe, die wir in solchen Momenten für unseren

Partner spüren, wirklich aus unserem innersten Kern, unserem Herzen? Ist sie also wirklich freiwillig und bedingungslos? Oder ist sie nur eines dieser spontanen Glücksgefühle, nur eine reine Projektion, weil wir von außen eine liebende Geste erfahren haben, ein Kompliment, einen Liebesbeweis? Können wir also nur lieben, wenn wir zurück geliebt werden? Dann wäre die Sache mit der Liebe ja so kompliziert wie die Frage, ob es zuerst das Huhn oder das Ei gegeben hat. Wer macht dann den ersten Schritt, um den Liebes-Ball ins Rollen zu bringen? Muss Liebe geben also immer mit Liebe empfangen in Verbindung stehen?

Um das zu verstehen, gehe ich nochmal zum Anfang zurück: Wir verlieben uns besonders stark, wenn wir meinen, der andere liebt uns trotz unserer Macken und Unsicherheiten, wenn wir meinen, der andere würde uns praktisch komplettieren. Wir haben das Gefühl, wir hätten uns gesucht und gefunden, können unser Glück gar nicht fassen, dass wir unter so vielen Menschen diesen einzigartigen Menschen getroffen haben. Wir sehen nur die positiven Seiten an ihm, die zufällig so gut zu uns passen, und drücken gleichzeitig beide Augen zu, wenn wir auf Unterschiede stoßen. Dieser tolle Mensch ist einfach wie für uns gemacht! Natürlich geht es ihm genauso, und deshalb ist es gar kein Wunder, dass er uns trotz unserer Macken auch so gerne hat, wie wir ihn – er drückt seine Augen genauso zu wie wir unsere, um die Unterschiede nicht sehen zu müssen und in der rosaroten Verliebtheitswolke noch ein bisschen länger verweilen zu dürfen. Wir verlieben uns also Hals über Kopf, obwohl wir uns gegenseitig zunächst gar nicht wirklich kennen.

Obwohl wir aber in der Verliebtheitsphase voll und ganz auf den anderen fixiert sind, gar nicht mehr ohne ihn sein wollen, schon gar nicht über irgendetwas anderes nachdenken können, passiert in dieser Zeit doch etwas ganz Egoistisches: Wir erwarten unbewusst vom anderen, dass er die Leere in uns füllt, unsere Schwächen mit seiner Liebe überdeckt, damit wir sie selbst nicht mehr spüren müssen. Anscheinend sind wir doch irgendwie attraktiv und begehrenswert und toll, etwas ganz besonderes, ja vielleicht sogar einzigartig, sonst hätte sich unser Partner ja auch in jemand anderes verlieben können. Aber er hat uns ausgewählt, ja, uns allein. Wenn unser Partner unsere Macken nicht sieht, und die sieht er in der Phase der anfänglichen Verliebtheit ganz sicher nicht, dann vergessen wir selbst ganz gern, dass wir überhaupt Schwachpunkte haben. Wir stolzieren als Frischverliebte mit einem überdurchschnittlichen Maß an Selbstbewusstsein durch die Welt – nichts kann uns in dieser Zeit etwas anhaben. Wenn wir uns geliebt fühlen, dann fühlen wir uns stark und heil und im Frieden mit unseren Schwächen. Liebe heißt in dem Fall also, sich selbst mehr zu lieben, sich ganz zu fühlen, aber nur solange uns der andere Liebe schenkt und unsere Wunden damit überdeckt.

Die berühmte Rede von Aristophanes aus Platons Symposion erzählt diesen Drang nach Ganzwerdung noch bildlicher: Vor langer Zeit seien wir alle Kugelmenschen gewesen – runde, ganze Lebewesen, mit vier Armen und vier Beinen und zwei Gesichtern, die in unterschiedliche Richtungen schauten. Wir hätten auch beide Geschlechtsteile gehabt, seien also mit uns selbst ganz im Einklang gewesen, suchten niemanden, waren ganz. Es gab sogar drei verschiedene Geschlechter – Mann-Mann, Frau-Frau und Frau-Mann. Eines Tages wurden diese Lebewesen zu dreist, kamen sich zu mächtig und unbesiegbar vor und attackierten die Götter. Um sie zu schwächen und zu bestrafen, beschlossen Zeus und die anderen Götter, diese

Lebewesen in zwei Teile zu trennen. Hätten sie sich übrigens weiter gegen die Götter aufgelehnt, hätte Zeus noch eins draufgelegt und die Menschen nochmals mittig geteilt – dann hätten sie nur noch auf einem Bein und mit einem Arm durch die Gegend hüpfen können. Seit der Teilung suchen die Menschen also ihre andere, verloren gegangene Hälfte, haben Sehnsucht nach Verbindung, meinen, eng umschlungen wieder zu einem Ganzen vereint werden zu können.

Um uns wieder heil und vollkommen zu fühlen und uns trotz unserer Wunden selbst lieben zu können, suchen wir also nach der Liebe eines anderen – unserer verloren gegangenen Kugelmensch-Hälfte. Diese Art der Liebe ist aber keine Liebe des Gebens, sondern eine ich-bezogene Liebe des Nehmens. Wir wollen in der Verliebtheitsphase, dass sich alles nur um uns dreht, dass der Partner uns zeigt, dass wir ihm wichtiger sind als alles andere. Mit ihm fühlen wir uns komplett und liebenswert.

Wenn die anfängliche Verliebtheitsphase Schritt für Schritt in eine solide Partnerschaft übergeht und die rosarote Brille langsam klarer wird, merken wir aber, dass es doch die einen oder anderen Unterschiede und Reibungspunkte zwischen uns gibt und wir leider nicht so aalglatt wie zwei Kugelmensch-Hälften zusammenpassen. Manche trennen sich dann schnell wieder, meinen einfach den falschen Partner erwischt zu haben und wollen weiter nach ihrer »besseren Hälfte« suchen. Einige laufen dem anfänglichen Liebestaumel so lange in ständig wechselnden Liebschaften nach, bis sie eines Tages desillusioniert aufgeben und meinen, dauerhafte Liebe gäbe es sowieso nur im Film. Sie haben nicht verstanden, dass es unterschiedliche Liebesstadien gibt und dass die anfängliche, blinde Liebe, in der uns der andere einfach nur toll findet und wir ihn, nicht endlos anhalten kann. Und das ist gut so.

Doch obwohl wir um diese Entwicklung wissen, sind wir trotzdem immer wieder überrascht, wenn wir an dem Punkt angelangt sind, an dem wir zusammen die nächste Etage unseres Partnerschafts-Hauses bauen müssten und sich Spannungen ankündigen. Wir meinten doch, unseren Seelenverwandten geheiratet zu haben, aber Streit und Partnerschaftskrisen werden normalerweise nie im selben Satz mit Seelenverwandtschaft erwähnt, oder?

Und was ist schon ein Seelenverwandter, wenn simple Experimente zeigen, dass wir uns innerhalb von knapp 34 Minuten und intensivem In-die-Augen-Schauen einem komplett Fremden plötzlich zutiefst verbunden fühlen können? Reden wir hier vielleicht nur von einem Hirngespinst, einer Kreation der Verliebtheitsphase, in der wir ja unsere Differenzen so gekonnt ignorieren?

Auf einer Hochzeitswebseite entdeckte ich eine genaue Beschreibung, wie so ein »Soul Mate« auszusehen hat. Die Verfasserin des Textes, Rosa G. Reiner, beschreibt den Seelenverwandten als jemanden, der »weiß, wie der andere denkt und fühlt, ohne es aussprechen zu müssen. Einer, der einen ergänzt. Ein Teil des anderen Ichs, der einen so sein lässt, wie er/sie ist und doch dessen Gedanken und Gefühle teilt. Jemanden, mit dem man träumen und schweigen kann, ohne dass es peinlich wirkt. Ein Abbild seiner selbst und trotzdem in manchen Belangen das komplette Gegenteil. Jemand, in dem man sich wiedererkennt. Ein Seelenverwandter ist wie der letzte Puzzlestein, die Ergänzung.«

Wie schneidet Ihr Partner in diesem anspruchsvollen Seelenverwandtschaftstest ab? Sind Sie vielleicht verunsichert und fragen sich, ob Sie sich etwa doch nicht den bestmöglichen »Soul Mate« für sich ausgesucht haben? Ja, wahrscheinlich haben Sie es nicht, und so geht es mit großer Wahrscheinlichkeit den allermeisten Menschen auf dieser Welt, und trotzdem sind sie glücklich verheiratet. Sind wir doch einmal ehrlich: Egal wie glücklich wir vergeben sind, egal wie einzigartig unser Partner ist, es gäbe hundertprozentig auf dieser großen, weiten Welt einen Menschen, der theoretisch noch besser zu uns passen würde. Diese Aussage ist zwar zugegebenermaßen unromantisch, aber statistisch betrachtet mit hundertprozentiger Wahrscheinlichkeit richtig! Sollen wir deshalb unsere Partnerschaft aufgeben, uns auf die Suche machen, um diesen einen, perfekteren Menschen für uns zu finden? Vielleicht wären wir dann das eine oder andere Beziehungsproblem los, wären vielleicht besser kulturell aufeinander abgestimmt, müssten uns beim gemeinsamen Fernseh-Abend nicht erst auf ein Programm einigen und so weiter und so fort. Vielleicht wäre uns so eine Beziehung aber auch schlichtweg zu fade, weil wir uns zu gleich wären. Nein, so ein paar Differenzen, Reibungspunkte, kleine Krisenauslöser sind auch wertvoll. Außerdem heißt es ja schließlich seelen-verwandt, nicht seelen-identisch, und wir wissen alle, wie unterschiedlich unsere Verwandtschaft sein kann. Der Humorist Dave Meurer stellt weise fest: »Eine großartige Ehe passiert nicht, wenn ein ›perfektes Paar‹ aufeinander trifft, sondern wenn ein nicht perfektes Paar lernt, an seinen Unterschieden Gefallen zu finden.«

Ein Seelenverwandter muss also nicht genauso denken, fühlen und handeln wie wir. Es kommt letztlich darauf an, dass wir die gleichen Grundüberzeugungen haben, die gleichen Werte wichtig finden. Die meisten langverheirateten Paare hatten zwar das eine oder andere gemeinsame Hobby, das ihnen wichtig war, aber daneben auch den Freiraum, eigene Interessen auszuleben, sich frei zu entfalten.

Egal wie unterschiedlich diese Paare in Bezug auf Religion, Alter oder Freizeitaktivitäten waren – ihre Grundeinstellung zum Leben und zur Liebe, diese Essenz, war im Endeffekt das Einzige, worin sie sich hundertprozentig einig waren.

Oft wissen wir am Anfang unserer Partnerschaft noch nicht, ob wir wirklich dieselbe Beziehungs-Richtung ansteuern. Wir haben erst mal einfach nur so ein Bauch-Gefühl, dass wir gut mit unserem Partner zusammen passen könnten. Linda erzählte mir, wie sie am Anfang ihrer Beziehung zu Mark stark daran zweifelte, ob sie als bekennende Christin mit einem Agnostiker auf Dauer zusammen leben könnte. Irgendwann kam sie allerdings zu der Auffassung, dass ihr noch kein anderer Mensch über den Weg gelaufen sei, der ein so großzügiges und tolerantes Herz habe wie Mark, und dass das doch die eigentlich wichtigen Werte bei einem Menschen seien. »Und wissen Sie was«, ergänzt Linda schmunzelnd, »vor ein paar Jahren hat sich Mark spontan taufen lassen, ganz freiwillig, einfach so.« Warum wir uns so oft den »Falschen« aussuchen, will ich von diesen beiden erfahrenen Ehe-Gurus wissen. »Vielleicht weil Paare heute später heiraten und von dem Komplett-Paket des anderen geblendet werden«, meint Linda. »Vielleicht fühlen sie sich zu dem erfolgreichen Typ mit Haus und Auto hingezogen, zu dem Lebensstil, den eine Partnerschaft mit ihm verspricht, und nicht einfach nur zu dem Menschen. Mark und ich haben uns kennengelernt, als wir beide noch nichts hatten und nichts waren, außer wir selbst. Wenn er oder ich plötzlich erfolgreich wurden, war es prima, wenn nicht, waren wir immer noch die zwei, die sich ineinander verliebt hatten und gerne Zeit zusammen verbrachten.«

Gemeinsame innere Werte sind also für die lang-verheirateten Paare, die ich getroffen habe, die Essenz ihrer Partnerschaft. Wenn unser Partner vielleicht nicht zu der Sorte Mensch gehört, der instinktiv unsere Gedanken und Gefühle abliest und unsere Lieblingsfarbe wie aus der Kanone geschossen rezitieren kann, kann er sich trotzdem noch als unser Seelenverwandter entpuppen. Manchmal ist es gut, wenn unsere Vorstellungen vom Leben und der Liebe sich nicht genau so verwirklichen, wie wir sie uns erträumt haben. Bekommen wir nämlich in unserer Partnerschaft nicht immer einfach genau das, was wir uns so still und heimlich wünschen, wenn wir unsere Gedanken und Gefühle dem anderen also tatsächlich mitteilen müssen, anstatt sie ihm einfach per Telepathie zukommen lassen zu können, dann müssen wir wohl oder übel lernen, kreativer zu werden, um uns selbst das zu geben, wonach wir bei unserem Traumpartner eigentlich suchen: Liebe.

Mit der Liebe ist das aber so eine Sache. Ich dachte eigentlich immer, wir können nur dann einen liebe- und respektvollen Partner finden, wenn wir uns selbst lieben und respektieren. Aber es gibt ja auch oft Fälle, in denen uns unser Partner seine ganze Liebe schenken will und wir sie aus irgendeinem Grunde nicht annehmen können. Vielleicht meinen wir unbewusst, dass wir die Liebe unseres Partners nicht verdient haben und verhalten uns dann gleich mal so, dass wir diese Liebe tatsächlich nicht verdienen.

Es gibt Partner, die durch ihr eigenes respektloses Verhalten die Liebe des anderen immer wieder erneut auf die Probe stellen und damit wahrscheinlich ihren »Liebenswert« prüfen möchten. Wie viel respektloses Verhalten kann ich mir erlauben, fragen sie sich, bevor der andere mich verlässt? Wie sehr werde ich wirklich geliebt? Der Zweifelnde hält sich unbewusst nicht für sonderlich liebenswert. Er will sich aber beweisen, dass er trotz dieser negativen Selbsteinschätzung geliebt wird. Das hat mit Liebe schenken nichts mehr zu tun. Laut Psychologen handelt es sich bei einem solchen Verhaltensmuster um einen absoluten »Selbst-Sabotage-Klassiker«.

Das Selbstbewusstsein des Partners ist allerdings auch nicht viel besser: Jeder vernünftige Mensch würde respektloses Verhalten vielleicht einmal dulden, aber nicht dauerhaft. Warum zieht dieser Partner also nicht den Schlussstrich? Weil er oft auch an einem schlechten Selbstwertgefühl leidet, vielleicht sogar meint, nichts Besseres verdient zu haben. Beide Partner leiden also an einem Mangel von Selbstrespekt und Selbstliebe.

Respekt und Liebe sind also ganz eng miteinander verwandt. Das Wort Respekt kommt aus dem Lateinischen von »respicere«, was so viel heißt wie »Rücksicht nehmen«, den anderen mit seinen Stärken und besonders auch mit seinen Schwächen sehen. Selbstrespekt heißt demnach, sich selbst berücksichtigen, seine eigenen Stärken und Schwächen kennen und beachten. Wenn wir wissen, wer wir sind, wie unser inneres Wertesystem aussieht, dann können wir auch einen Menschen finden, der uns respektiert. Haben wir also einen Partner, der uns ohne Respekt behandelt und wir bleiben trotzdem bei ihm, dann müssen wir uns ernsthaft fragen, wie es denn eigentlich mit unserem eigenen Selbstrespekt aussieht. In so einem Fall kann auch keine freiwillige und bedingungslose Liebe entstehen.

Die Paartherapeutin Sara Rosenquist erzählte mir aus ihrer Praxis: »Ich begleite gerade ein Paar, beide kommen aus gescheiterten Beziehungen und sind jetzt unglaublich ineinander verliebt – aber beide haben noch nicht wirklich an sich selbst gearbeitet. Die Frau ist so darin geübt die Gefühle aller anderen zu spüren, aber nicht ihre eigenen. Die spürt sie meist erst dann, wenn sie schon voller Groll auf ihren Partner ist und sich in der Opferrolle wiederfindet. Mein persönlicher Ratschlag für jeden einzelnen ist der von Shakespeare: ›Dies über alles: Sei dir selber treu!‹.«

Shakespeare lässt seinen Protagonisten Polonius im Anschluss an diesen Satz aber noch einen weiteren anfügen: Wenn wir uns selbst treu sind, sagt er, dann können wir naturgemäß auch nicht »falsch sein gegen irgendwen«. Wer also mit sich selbst respektvoll umgeht, wird laut Polonius automatisch auch andere mit dem gleichen Respekt behandeln.

Mit der Liebe scheint es nicht anders zu sein – wenn wir uns selbst lieben, dann ist unsere Liebe zum anderen wirklich echt, nicht eine Liebe des Nehmens, sondern des Gebens. Dann lieben wir frei aus uns heraus, ganz unabhängig davon, ob wir etwas davon zurückbekommen oder nicht. Natürlich lieben wir nach einem netten Kompliment über ein »auf den Leib geschneidertes Kleid« noch ein kleines bisschen euphorischer, aber die Quelle unserer Liebesfähigkeit müssen wir in uns selbst finden. Wir können ja schließlich nicht immer erst darauf warten, von jemand anders einen Liebesbeweis zu bekommen, bevor wir selbst anfangen Liebe auszuteilen.

Ich frage die 90-jährige Elisabeth, wie sie es denn geschafft hat, ihrem Mann über 63 Jahre lang Liebe zu schenken, obwohl sie ihn doch eigentlich gar nicht richtig kannte und sogar die Verliebtheitsphase übersprungen hatte. Sie glaubte offensichtlich nicht an Seelenverwandtschaft und musste ja dennoch irgendwie gelernt haben, von sich aus Liebe geben zu können, denn sie war mit ihrer Partnerschaft durchaus zufrieden. Elisabeth macht mich auf den bekannten Schweizer Psychologen Carl Gustav Jung aufmerksam, meinte, sie hätte ihn in- und auswendig studiert und erst durch ihn verstanden, um was es in einer Partnerschaft eigentlich geht.

Immer dann, wenn wir meinen, uns in unserem Seelenverwandten getäuscht zu haben, würde Jung höchstwahrscheinlich argumentieren, dass wir genau den richtigen für uns ausgewählt haben. Im Gegensatz zu Aristophanes meint Jung nicht, dass sich Partner sozusagen wie Puzzleteile komplettieren sollten, sondern dass sie sich stattdessen gegenseitig als Spiegel dienen sollten. Hilfe zur Selbsthilfe sozusagen, damit sich beide selbst finden und verwirklichen können. Ein echter Seelenverwandter ist also nicht unbedingt derjenige, der uns unsere Weihnachtswünsche von den Augen abliest, sondern eher der, der unsere unbewussten, ungelebten und ungeliebten Seiten aus uns herauskitzelt, damit wir sie anschauen können, uns besser verstehen lernen und ein klareres Bild von uns selbst bekommen. Wir sollen also unsere verschollene Kugelmensch-Hälfte in uns selbst finden.

Leider lassen wir diese ungeliebten Seiten nur ungern herauskitzeln. Es sind ja unsere Schattenseiten – die Eigenschaften, die wir lieber nicht mit unserem Selbstimage in Verbindung bringen möchten. Aber sie sind da und werden durch unseren Partner ans Licht gebracht – meistens während einer Auseinandersetzung.

Hier plaudere ich mal aus meinem Nähkästchen: Ich kann mich noch gut an den Tag erinnern, als unser Klavier von den Umzugsmännern in unserem Musikzimmer abgestellt wurde – ein Erbstück. Unsere drei Kinder waren noch klein, die älteste vielleicht sechs, die mittlere vier und der jüngste zwei Jahre alt. Ich war von den jahrelangen unruhigen Nächten ziemlich müde und anscheinend auch frustriert, was sich in den folgenden Stunden zeigen sollte. Mike freute sich darauf, seinem neuesten Hobby nachzugehen und probierte sich gleich mal an Bachs »Jesu, meine Freude« – ohne vorherigen Klavierunterricht. Während ich in der Küche die Spülmaschine ausräumte und nebenbei dem x-ten Anlauf derselben Notenabfolge zuhörte, konnte ich meinen Frust nicht mehr zurückhalten. Frust, weil ich als Mutter in dieser Phase für mich selbst und meine Hobbys so gar keine Zeit, geschweige denn die entsprechende Muße aufbringen konnte, und Herr Bach Junior sich alle Zeit der Welt für »Jesu, meine Freude« gönnte. Meine Freude war es jedenfalls nicht!

Aber worauf genau war ich eigentlich sauer? Nicht darauf, dass er Klavier spielte und ich in der Küche hantierte, denn er hatte mir davor beim Abräumen geholfen. Darum ging es also nicht. Ich war vielmehr darüber verärgert, dass er glückselig auf der Klavierbank saß und sich entspannt seinem neuesten Steckenpferd hingab, während für mich das Wort »Hobby« in den vergangenen Jahren zum absoluten Fremdwort geworden war.

Auch wenn mein Mann kein geschulter Augenableser ist – auf bestimmte Nuancen in meinem Tonfall reagiert er ausgesprochen feinfühlig. Also wusste er, dass ich mit irgendetwas nicht im Frieden war. Im Gespräch mit ihm wurde mir klar, dass meine Frustration daher stammte, dass ich mir selbst diese freie Zeit mitten am Tag nie zugestehen würde, dass ich eigentlich nicht sauer, sondern eifersüchtig auf ihn war. Er nahm sich einfach spontan die Zeit für sich, ohne schlechtes Gewissen. Ich erkannte, dass ich dringend wieder meinen Hobbys nachgehen sollte, da mich die Mutterrolle allein – trotz drei kleiner wunderbarer Kinder – nicht vollkommen ausfüllte. Natürlich war ich von morgens bis abends – und nachts eigentlich auch – immerzu beschäftigt, aber trotzdem von der Monotonie des Kleinkindalltags etwas gelangweilt. Gerade nach dem dritten Kind war mein Leben für meinen Geschmack zu routiniert geworden. Mir fehlte meine Kreativität.

Und da saß mein Mann am Klavier und nahm sich mitten am Tag die Zeit, um einfach so eine Bach-Motette zu üben. Das würde ich mich nie trauen, besonders wenn noch Berge an Wäsche zu falten sind und die Küche aufgeräumt werden muss. Ich könnte mich nie so entspannen wie er, trotz aller Arbeit, die noch gemacht werden muss. Dabei stand Mike meinem Hobby-Glück gar nicht im Weg, sondern ich selbst. Er konnte vollkommen nachvollziehen, dass ich auch kreative Zeiten brauchte und wollte mich gerne unterstützen. Ich sollte ihm einfach ganz konkret sagen, wann und wie ich mir diese Freizeit wünsche, denn Gedanken lesen könne er nicht. Außerdem, meinte er, möge er es generell eher nicht, wenn seine kreative Energie gehemmt würde, damit ich mich besser fühle. Statt, dass es einem von uns dann besser ginge, gehe es uns beiden schlechter, meinte er – wo er recht hat, hat er recht!

Also suchten wir gemeinsam eine Lösung, wie und wann ich am besten meinen Hobbys nachgehen kann, und was noch viel wichtiger war: Im Gespräch musste ich erkennen, dass ich mich durch mein Pflichtgefühl und meine Gewohnheit, die eigenen Wünsche hintenanzustellen, selbst an meinem Glück gehindert hatte. Na gut, ich habe wohl einfach nicht die Fähigkeit geerbt, mich ganz entspannt einem Hobby hinzugeben und alles andere um mich herum zu vergessen. Aber darum ging es hier nicht! Es ging schlichtweg um die Erkenntnis, dass es nicht Mike war, der diese Anforderungen an mich hatte, sondern ich selbst. Das hat mir dabei geholfen, mein eigenes Selbstbild nochmal zu überdenken. Ich habe seitdem meinen Tagesablauf völlig auf den Kopf gestellt und beginne meinen Tag mit einer bewussten Zeit für »mich« – gehe dafür aber aus dem Haus, um nicht von Wäschebergen abgelenkt zu werden. Funktioniert wunderbar – man muss nur wissen, wie man mit seinen eigenen Macken am besten umgeht, anstatt gegen sie anzukämpfen. Mike ist mir mit seiner Klarheit und seinem Gerechtigkeitssinn auf jeden Fall ein guter Spiegel. Er lässt sich nicht mit Schuldzuweisungen zu irgendwelchen Pflichten überreden, aber wenn Argumente von Herzen kommen und außerdem noch klar und deutlich ausgedrückt werden, kann man immer darüber reden. Ich habe früher oft um den heißen Brei herum geredet, mochte die direkte Konfrontation nicht besonders gerne. Hätte ich einen Augenableser als Partner gehabt, hätte ich allerdings nie gelernt, meine Wünsche und Gedanken konkret und direkt auszudrücken. Plötzlich scheint ein Seelenverwandter doch eher derjenige zu sein, der einem die Unannehmlichkeiten nicht einfach abnimmt, sondern einen dazu herausfordert, die eigenen Schwachstellen selbst zu verbessern.

Kinder haben ja auch ein Feingefühl, wie sie unsere Schattenseiten aus uns herauskitzeln können. Ich habe definitiv Seiten an mir als Mutter kennengelernt, die ich vorher nicht vermutete. Wer hätte schon gedacht, dass ich als ehemalige Fliegen- und Schneckenretterin mal meine verschollene Kommandantinnen-Seite entdecken würde (»Kinder, jetzt aber endlich ins Bett, zack, zack, ich zähle bis drei!«). Was nach »drei« kommt, weiß bis heute kein Mensch – ich auch nicht. Die Tatsache ist, dass wir nur dann alle Seiten an uns kennenlernen, wenn unser Partner, unsere Kinder oder Menschen in unserem Umfeld nicht versuchen, uns vor unangenehmen Gefühlen zu bewahren. Vielleicht sind wir dann erst mal ärgerlich, argumentieren, dass die andere Person uns wohl nicht liebt, mag, ausstehen kann, sonst würde sie sich doch nicht so verhalten, dass wir uns jetzt ärgern müssen. Aber liegt es vielleicht an uns selbst?

Jeder von uns kennt Menschen, die irgendetwas in uns auslösen, die wir nicht leiden können, die uns eifersüchtig machen, die uns aus diesem oder jenem Grund nerven. Egal ob das unser Ehepartner, ein Elternteil oder ein Fremder ist – diese Menschen zeigen uns unsere Schattenseiten. Immer dann, wenn wir jemanden für sein Verhalten kritisieren wollen, sind wir unserem Schatten besonders nahe. Dann können wir uns konkret fragen, was denn unsere eigenen ungelebten Seiten sind, die Facetten an uns, die wir am liebsten nicht anschauen wollen, die wir ach so gerne verdrängen möchten und jetzt so vehement bei jemand anderem ablehnen. Wir mögen diese Personen deswegen nicht, weil sie uns so knallhart mit unseren eigenen ungeliebten Seiten konfrontieren. »Schau dir mal diese Frau an, die ist ja viel zu dick!«, schimpft eine Frau, die mit ihrem eigenen Körper nicht im Frieden ist. »Warum läuft denn dieser Typ immer mit so einem Grinsen durch die Gegend?«, schimpft ein anderer, der selbst gerade nicht viel zu lachen hat. »Müssen diese zwei Turteltäubchen tatsächlich hier vor allen Leuten so rumkuscheln?«, kritisiert eine Frau und sehnt sich eigentlich schon lange nach mehr Nähe zu ihrem Mann. Es gibt noch unzählige weitere Beispiele. Eines ist mir jedenfalls klar geworden: Diejenigen, die andere am meisten kritisieren, sind mit sich selbst am unzufriedensten. Wer mit seinen Schatten im Frieden ist, der muss andere nicht mehr abwerten, um sich besser zu fühlen.

Der Ehepartner ist bei der Schatten-Konfrontation ein besonders hilfreiches »Werkzeug« – im Idealfall läuft er nicht gleich weg, wenn die ersten Abgründe zu Tage treten. Mit seiner Hilfe können wir unsere Kindheit und Elternbeziehungen genauer betrachten, tiefe Wunden aufarbeiten oder einfach unseren Blick für die weibliche bzw. männliche Wahrnehmung unserer Umwelt schärfen. Ein Mann kann sich zum Beispiel mit Hilfe seiner Frau mehr für Schönes interessieren, für ein kuscheliges Heim, für gute Gespräche, für soziale Kontakte. Eine Frau kann durch ihren Partner lernen, entschiedener zu werden, sich auch Ungewohntes zuzutrauen, sich vielleicht sogar körperlichen Herausforderungen zu stellen.

Linda erzählt mir, dass sie sich zwar schon immer »ganz« gefühlt hat, aber durch Marks Liebe und Ermutigung noch mehr persönliche Facetten entwickeln konnte und das Gefühl hat, durch ihn »tiefer ganz« geworden zu sein. Es geht also nicht unbedingt darum, fehlende Seiten zu unserer Persönlichkeit hinzuzufügen, sondern versteckte Seiten aufzudecken, uns selbst kennenzulernen. Die Ehe bietet uns also den Raum, uns mit unseren ungelebten, unbewussten oder ungeliebten Seiten auseinanderzusetzen. Die Psychotherapeutin Frauke Schäfer erklärt, dass deshalb die Verbindlichkeit der Ehe so wertvoll sei, weil sie diesen intimen Raum innerhalb der Partnerschaft schützt, in dem wir uns mit unseren Wunden und Wünschen ganz öffnen können. Wenn wir unsere Beziehung vorzeitig abbrechen oder uns nicht trauen, uns mit diesen Seiten zu konfrontieren, verpassen wir womöglich die Chance, uns selbst zu verbessern.

Und so entsteht das Paradox, dass wir die Ehe eingehen und denken, aus zwei Teilen eins zu machen, aber in Wirklichkeit mit Hilfe des anderen versuchen müssen, selbst ganz und heil zu werden. Wenn wir diesen Schritt nicht gehen wollen und meinen, der andere sei für unser Liebesglück verantwortlich, dann entwickelt sich die Partnerschaft zu einem hohlen Liebeskonto, wo genau festgehalten wird, wer wem, wie oft und wann Liebe geschenkt hat. Dann merken wir sofort, wenn sich einer im gefährlichen »Liebes-Defizit-Bereich« aufhält und er vielleicht die Liebe des anderen nicht mehr verdient. Wenn wir nicht lernen, mit uns selbst Frieden zu schließen, werden wir immer wieder, wie die berühmte alte Schallplatte, am selben Kratzer hängen bleiben, und wir werden uns immer wieder fragen, ob wir noch vom anderen geliebt werden oder nicht. Dauerhafte Liebe kann also nur eine Konsequenz von Selbstliebe und Zufriedenheit sein, und die haben wir glücklicherweise meistens selbst im Griff.

Immer dann, wenn wir uns ganz und heil fühlen, sind wir also im Frieden mit uns und können uns in solchen Momenten richtig gut leiden. Dann spüren wir aber nicht nur eine Liebe zu uns selbst, sondern auch Glück. Glück und Selbstliebe sind also eng miteinander verstrickt. Selbstliebe hat wie gesagt nichts mit Narzissmus zu tun, sondern mit dem Respekt vor den eigenen Bedürfnissen. Jemand, der mit sich selbst wirklich im Reinen ist, versprüht eine regelrechte Aura von Glück und Frieden.

Je glücklicher und zufriedener wir sind, desto größer ist auch unsere Liebesfähigkeit. Erinnern Sie sich an die Verliebtheitsphase, in der kleine Schwierigkeiten im Alltag an Ihrem Stahlpanzer des Glücks ganz locker abgeprallt sind? Sie haben ihnen einfach nicht viel Aufmerksamkeit geschenkt, haben sie gar nicht erst zu Ihren Nerven durchsickern lassen. Sie haben vielleicht zum ersten Mal allen Verwandten eine Weihnachtspostkarte geschickt oder ihrer Mutter seit Langem wieder einmal gesagt, wie wunderbar sie heute gekocht hat. Wer mit sich selbst im Frieden ist, empfindet Glück, und wer Glück empfindet, will Glück teilen, und wer Glück teilt, gibt Liebe.

Für manche ist es allerdings schwerer, mit sich selbst Frieden zu schließen, als für andere. Vielleicht sind sie von Natur aus einfach selbstkritischer oder haben durch eine kompliziertere Lebensgeschichte ihren Optimismus und ihre Unbedarftheit verloren. Vielleicht haben sie schlechte Entscheidungen in ihrem Leben getroffen und müssen jetzt ein Leben lang mit den Konsequenzen zurechtkommen. Vielen fällt das Glücklichsein nicht leicht. Wenn aber tiefe Liebe so eng mit innerem Frieden verstrickt ist, wie ich meine, hieße das etwa, dass Unglückliche erst dann wirklich lieben können, wenn sie gelernt haben mit sich ins Reine zu kommen?

Bei Quiche und Salat stelle ich der Therapeutin Frauke Schäfer nebenbei die Frage aller Fragen: »Wie wird man glücklich?« Sie lacht und antwortet nach einer kurzen Bedenkpause: »Wer meint, der Partner sei die Quelle des Glücks, der kann nur enttäuscht werden. So hohe Erwartungen kann kein Partner erfüllen!« Diese Antwort haben wir ja schon befürchtet – Glück liegt nicht beim anderen, sondern in uns selbst. Natürlich wäre es viel angenehmer, wenn wir sagen könnten: du bist Schuld an meiner Misere, an unseren Partnerschaftskonflikten, an meinem Unglücklichsein. Ja, es wäre durchaus praktisch, wenn ein anderer Partner, ein anderer Wohnort, eine andere Lebenssituation all unsere Probleme lösen könnte. Aber die Buddhisten haben recht, wenn sie sagen: »Wo immer du hingehst, da bist DU.«

Wenn wir meinen, immer nur dann glücklich sein zu können, wenn das Wetter ein bisschen schöner, die Aussicht etwas klarer wäre, wenn die Couch besser zum Teppich passen oder das Kind bessere Noten nach Hause bringen würde – dann geben wir freiwillig alle Verantwortung für unser Glück ab. Dann werden wir depressiv, weil wir denken, keine Kontrolle mehr über unser Leben und unser Glück zu haben. Natürlich kennt jeder solche Phasen, wenn einfach nichts im Leben gelingen will, wenn wir an uns zweifeln. Passivität gehört aber nun wirklich nicht mehr zu unserem modernen Zeitgeist der Ich-Kann-Alles-Erreichen-Ideologie. Deshalb ist es eigentlich widersprüchlich, dass wir unser Glück so gerne von anderen Menschen und Umständen abhängig machen.

Also gut, unser Partner ist nicht dafür zuständig, uns glücklich zu machen. Natürlich soll er uns auch nicht unglücklich machen, aber zumindest liegt unser Seelenfrieden nicht in seinem Verantwortungsbereich. Mit dem Glück scheint es so zu sein wie mit dem halbleeren oder halbvollen Glas. Wir können uns entweder auf alle negativen Erfahrungen in unserem Leben fixieren, uns über all die nervigen Gegebenheiten des Tages aufregen. Wir können uns aber auch all die guten Erinnerungen ins Bewusstsein rufen, all die Freundlichkeiten, die wir vielleicht auch erlebt, aber ignoriert haben. Eine Freundin erzählte mir, dass sie in Zeiten, in denen ihr Mann nicht ihren Erwartungen entsprach, einfach jeden Tag eine Eigenschaft an ihm auswählte, wegen der sie ihn an diesem Tag liebte.

Menschen, die eine unkomplizierte Kindheit hatten, die viel Zuspruch und Rückenstärkung erfahren haben, denen fällt es naturgemäß oft leichter, sich auf die positiven Dinge im Leben zu besinnen. Vielleicht haben sie von klein auf gelernt, wie sie sich Freunde, Aktivitäten, Hobbys aussuchen, um immer an einer Quelle des Glücks zu sein, aus der sie regelmäßig schöpfen können. Manche empfinden Glück, wenn sie allein die Natur genießen, andere wenn sie mit Freunden ein Glas Wein trinken oder musizieren. Wer darin bestärkt wurde, sein Leben nach tiefem Glück auszurichten und nicht nach vergänglichen Oberflächlichkeiten, dem fällt es oft leichter, Glück zu empfinden.

Wenn wir aber in unserer Kindheit nicht so viel Glück hatten, wenn wir nicht gestärkt, sondern geschwächt wurden oder wir einfach keinen guten Glücks-Mentor hatten, dann suchen wir unser Glück in Äußerlichkeiten und sind überrascht, dass wir nie am Ziel ankommen.

Wie können wir dann lernen, tiefes Glück und inneren Frieden zu empfinden, wenn uns diese Fähigkeit nicht in die Wiege gelegt wurde? Die Therapeutin Frauke Schäfer erklärt, dass jeder Mensch eine Art Glücksreservoir finden muss, aus dem er schöpfen kann. Manche suchen es in Sport, Freundschaft oder einem bestimmten Hobby, andere finden es in Gott. Ich soll mir das so vorstellen: »Wenn jemand keine Liebe und kein Glück empfunden hat, dann kann er, wenn er gottgläubig ist, aus dem unendlichen Liebesreservoir von Gott schöpfen. Egal, wie viel Liebe er tatsächlich im täglichen Leben erfährt, kann er sich sagen, dass er am Ende immer von Gott geliebt wird, dass diese Liebe nie aufhören wird, dass sie bedingungslos ist. Es geht im Prinzip darum, den Liebesball ins Rollen zu bringen.« Diejenigen, die also keine guten Glücks-Mentoren in ihrem Leben hatten, können demnach im Glauben die bedingungslose Akzeptanz und Geborgenheit erleben, die ihnen hilft, sich selbst zu lieben und anderen Liebe schenken zu können.

Wenn ich eine Quelle gefunden habe, aus der ich regelmäßig Glück schöpfen kann, dann will ich dieses Glück teilen, dann leiste ich meinen Beitrag dazu, der Partnerschaft eine positive Note zu verleihen. Wenn ich weiß, wie ich mich selbst glücklich machen kann, dann übernehme ich die Verantwortung für meine eigene Ganzheit, für meine Liebe zu mir selbst. Dann erwarte ich nichts vom anderen, dann liebe ich aus freien Stücken, nicht weil ich geliebt werden will, sondern weil ich lieben will.

Erich Fromm bringt diese Erkenntnis auf den Punkt: »Liebe ist nicht in erster Linie eine Bindung an eine bestimmte Person. Sie ist eine Haltung, eine Charakter-Orientierung, welche die Bezogenheit eines Menschen zur Welt als Ganzem und nicht nur zu einem einzigen ›Objekt‹ der Liebe bestimmt. (…) Wenn ich einen Menschen wahrhaft liebe, so liebe ich alle Menschen, so liebe ich die Welt, so liebe ich das Leben. Wenn ich zu einem anderen sagen kann: ›Ich liebe dich‹, muss ich auch sagen können: ›Ich liebe in dir auch alle anderen, ich liebe durch dich die ganze Welt, ich liebe in dir auch mich selbst.‹«[3]

Wir sind also selbst dafür verantwortlich, die Liebe aktiv zu leben und weiterzugeben, statt nur darauf zu warten, dass wir geliebt werden. Liebe ist also doch eine Kunstform wie die Musik. Niemand erwartet, dass ein Mensch von Beginn an die Nuancen des Musizierens versteht, aber alle glauben fälschlicherweise zu wissen, wie man wirklich liebt.

Wir müssen also erst sorgfältig lernen uns selbst und dadurch auch unseren Partner zu lieben. Es ist eine Einstellung zum Leben, die nicht fragt, »Was bekomme ich?«, sondern »Was kann ich geben?«. Freiwillig und bedingungslos zu lieben ohne die Garantie, zurückgeliebt zu werden, ist angsteinflößend und schwierig. Die Ehe gibt uns aber den Raum, diesen Schritt zu wagen, unsere Liebesfähigkeit immer wieder zu üben und selbst herauszufinden, was passiert, wenn wir unserem Partner frei von jeglichen Erwartungen einfach etwas Gutes tun:

Machen Sie Ihrem Partner ein nettes Kompliment, kochen Sie ihm sein Lieblingsessen oder sagen Sie ihm, was Sie heute besonders an ihm schätzen. Nehmen Sie ihn fest in den Arm, einfach so und immer wieder. Probieren Sie es aus – manchmal kommt der Liebesball schneller ins Rollen als man denkt!

10

Ja, ich will!

Vor kurzem waren Mike und ich zu einer Hochzeit eingeladen. Das Paar hatte sich einen wunderschönen Oktobertag in den Südstaaten ausgesucht. Die Braut und der Bräutigam kannten sich aus Kindertagen, hatten sich aber erst vor relativ kurzer Zeit wiedergefunden. Sie steckt mit Mitte dreißig mitten im Berufsleben. Er macht mit Anfang vierzig nochmal eine Umschulung. Für beide ist es die erste Heirat.

Nachdem alle Gäste in der gemütlichen Kirche Platz genommen haben, stimmt die ältere Dame an der Orgel vorsichtig Pachelbels Canon in D an. Die Gäste erheben sich von ihren Bänken und warten gespannt auf den Einzug der Braut. Der Bräutigam steht etwas nervös neben seinem Trauzeugen vor dem Altar und blickt ebenfalls in Richtung Kircheneingang. Er lächelt unsicher, aber zuversichtlich, fährt sich mit der Hand immer wieder durch seine etwas strubbelig aussehenden Haare und kann seine Anspannung nicht so recht vertuschen. Alle Verheirateten kennen dieses Gefühl der Aufregung, Anspannung und Freude kurz bevor die Hochzeit losgeht. Manche stürzen sich mit voller Zuversicht in dieses Abenteuer, andere fragen sich in dem Moment ernsthaft, ob sie diesen langen Weg, der vor ihnen liegt, auch wirklich schaffen werden.

Ich beobachte die Paare in der Kirche und frage mich, wie viele von ihnen wirklich glücklich verheiratet sind, wie viele hier und jetzt an ihre eigene Hochzeit zurückdenken und wie viel seither in ihrem Leben passiert ist. Vielleicht sind sie mit dem zweiten Ehepartner angereist, vielleicht mit ihren Stiefkindern. Vielleicht stecken sie gerade in einer tiefen Ehekrise und geben sich dem Anlass entsprechend trotzdem tapfer die Hand. Vielleicht erinnern sie sich an ihr eigenes Eheversprechen und denken mit ungutem Gefühl an die Affären, die sie vielleicht vertuschen mussten. Manche Paare sind noch nicht verheiratet, überlegen sich vielleicht, ob ihr momentaner Partner der richtige fürs Leben ist und fragen sich dann, ob ihr Partner auch darüber nachdenkt. Brautjungfern und Blumenkinder träumen vielleicht gerade von ihrer eigenen Märchenhochzeit mit Prinz und weißer Kutsche. Dann gibt es die Paare, die seit Jahrzehnten glücklich verheiratet sind und sich freuen, dass dieses junge Paar dieselbe Lebensreise antreten will wie sie. Sie erinnern sich vielleicht an die vielen Höhen und Tiefen und zahlreichen Lebensstationen, die sie selbst in ihrer Ehe erlebt haben. Sie denken an die vielen Etagen ihres Partnerschaftshauses, die dieses junge Paar noch zu bauen hat.

Ich drücke Mikes Hand und erinnere mich an ein langes Gespräch mit Joel Baehr, einem Psychotherapeuten und Geistlichen. Er äußerte nüchtern, dass nicht jede Ehe tatsächlich halten müsse, dass nicht alle Menschen für die Ehe geschaffen seien. Die Ehe sei eine tiefe Selbstverpflichtung an unsere Kinder und unsere Gesellschaft, die nicht jeder eingehen wolle. »Für die meisten Menschen«, räumt er schließlich doch ein, »ist die Ehe aber ein Geschenk«. Wenn Joel Paare verheirate, fühle er sich, als gebe er ein Samenkorn in die Erde und hoffe, dass daraus eine wunderschöne Blume wachse. Erde und Samenkorn müssen aber erst noch zusammenarbeiten, um etwas ganz Neues und Schönes zu formen. Die ersten Jahre einer Ehe seien deshalb so schwierig, weil die Partner erst noch lernen müssen, wie sie am besten zusammenarbeiten, was sie gemeinsam in ihrem Leben erreichen wollen, wo und mit welchen Menschen sie sein und welche Werte sie vertreten wollen. Bis Samenkorn und Erde sich also miteinander arrangiert haben, könne schon die ersten zehn Ehe-Jahre in Anspruch nehmen. Danach müsse ein Paar es außerdem noch schaffen, Stürme und Dürreperioden zu überstehen, ohne dabei den Kontakt zum Boden zu verlieren und sich trotzdem immer wieder Nahrung zu geben.

Ob er nach jahrzehntelanger Erfahrung schon abschätzen könne, welche Paare sich das Glück bis ins hohe Alter bewahren können? Nein, sagt er, jedes Paar und jede Einzelperson habe eigene Hürden zu überwinden, da käme niemand dran vorbei. Natürlich gäbe es Paare, bei denen ihm diese Hürden ganz klar in die Augen springen, bei denen man die zukünftigen Konflikte schon vorhersagen könne. Konflikte seien aber da, um gelöst zu werden, und jeder Mensch habe Seiten an sich, die einer Ehe schaden können. Die Frage sei eben, ob sich die Partner den eigenen und den gemeinsamen Bewährungsproben immer wieder stellen wollen oder nicht.

Wie wir den Kontakt zur Erde nicht verlieren, will ich wissen. Er schmunzelt und verbeugt sich vor mir – ich solle mich doch auch mal so verbeugen wie er gerade eben. Wenn es mir lieber sei, könne ich mich auch vor der Schokolade verbeugen, die vor uns auf dem Tisch liegt. Ich lächele etwas gequält und mache diese Verbeugung halbherzig mit. Joel lacht und erzählt mir, wie er den jungen Ehepaaren immer wieder vorschlägt, sich gegenseitig voreinander zu verbeugen, und natürlich mache es ihm keiner nach. Ich versuche mir vorzustellen, wie Mike und ich uns voreinander verbeugen. Obwohl es seinem und meinem Dickkopf sicherlich sehr guttun würde, kann ich mir diese Geste so gar nicht bei uns vorstellen. Die eigentliche Verbeugung sei hierbei auch gar nicht so wichtig, erklärt Joel, sondern eher die geistige Verbeugung vor dem anderen. Damit sollen wir uns immer wieder in Erinnerung rufen, dem anderen Respekt zu zeigen. Joel ist überzeugt, dass so eine Verbeugung beide Partner immer wieder zurück auf die Erde und in das Hier und Jetzt holt.

Anschließend gibt mir Joel Folgendes mit auf den Weg: »Es ist außerdem nicht so wichtig, dass das Paar viele Gemeinsamkeiten hat. Wichtiger ist, dass beide in der Beziehung präsent sind, spüren, wie es dem anderen geht und den inneren Kontakt halten wollen. Am Anfang einer Ehe sehen wir unsere Beziehung leider nur durch unsere voreingenommene Brille, haben ganz konkrete Vorstellungen und meinen, dass unsere Partnerschaft so und nicht anders auszusehen hat. Wir wollen die Realität eben meistens nicht wahrhaben und versuchen, diese ›Katastrophe der Wirklichkeit‹ (eine passende Bezeichnung dafür) zu verstecken, indem wir zu einem kollektiven Wir werden. ›Wir machen das‹, ›Wir mögen jenes‹, sagen wir dann, um uns vor der Wirklichkeit zu schützen, dass wir auch ganz unterschiedlich sind. Wir müssen aber verstehen lernen, dass jeder ein Recht darauf hat, so zu sein wie er ist. Jeder hat seinen eigenen Ballast und seine eigene Interpretation der Dinge.«

Das habe ich ja schon das eine oder andere Mal festgestellt. Wir sollten das Verhalten des anderen also gar nicht persönlich nehmen – beide Partner können einfach nicht anders, weil sie eben so sind wie sie sind und weil beide ihre Geschichte mit in die Partnerschaft schleppen. Diese Einsicht hat auch mit Vergebung zu tun: Zuerst müssen wir akzeptieren lernen, dass der andere Schwächen hat und dann vergeben lernen, dass er deshalb so und nicht anders gehandelt hat. Für die einen kann diese Einstellung auf ihrem Glauben basieren, für andere einfach aus der Erkenntnis kommen, dass Vergebung der einzige Weg zur eigenen, inneren Heilung ist. Ohne sie kommen wir als Paar nicht vorwärts.

Anstatt also zu sagen, dass wir auf dieses oder jenes nervende Verhalten unseres Partners keine Lust mehr haben, geht es darum, diese Schwachpunkte beim anderen anzunehmen und dann unsere eigenen Fähigkeiten ins Spiel zu bringen. Ist ein Partner zum Beispiel schnell eingeschnappt und schmollt dann stunden- oder tagelang, dann können wir, wenn wir der gesprächigere Partner sind, dem schmollenden Partner zu verstehen geben, dass Schmollen noch keinen Konflikt gelöst hat, Kommunikation aber sehr wohl. Außerdem wäre es doch schön, wenn er versucht, der Beziehung zuliebe seine Gefühle in Worte zu fassen, statt sich in seiner emotionalen Festung zu verschanzen. So bringt der kommunikativere Partner seine Fähigkeiten zum Ausdruck und kann dem anderen helfen, seine Schwachpunkte zu überwinden. Das wird sicherlich nicht beim ersten Mal funktionieren, aber wenn dieses Paar nicht aufgibt, dann kann sich seine Kommunikations-Problematik im Laufe der Zeit vermindern.

Ich muss ehrlich gestehen, dass ich trotz meines großen Kommunikationsbedürfnisses eher die Verschanzerin in unserer Beziehung war und dass Mike mich durch seine ständigen Aufforderungen und seinen Wunsch, endlich diverse Differenzen auszubügeln, tatsächlich zum Reden gebracht hat. Außerdem, argumentierte er, könne er, wenn wir uns nicht ausgesprochen haben, gar nicht in Ruhe arbeiten, sich überhaupt nicht konzentrieren, und das wäre für seine Art von Arbeit ganz besonders schlecht, das wolle ich ja schließlich auch nicht, oder? Nein, das wollte ich tatsächlich nicht, aber ich muss zu meiner Verteidigung auch sagen, dass ich nach einer Auseinandersetzung immer erst ein bisschen Bedenkzeit brauche, um meine Gefühle ordentlich zu sortieren und um danach ein konstruktives Gespräch führen zu können. Mikes Aufforderung zur Direktheit hat mir aber auf jeden Fall geholfen, auch mit meinen Gefühlen klarer umzugehen, und jede überwundene Diskussions-Hürde hat mir mehr Selbstbewusstsein geschenkt, ihm in Zukunft direkter entgegenzutreten. Ich habe gelernt, dass er nicht erschrocken wegläuft, wenn ihm meine Meinung nicht passt oder wir nach einer Auseinandersetzung nicht auf denselben Nenner kommen. Wir schätzen den geistigen Austausch und die Auseinandersetzung mit dem Blickwinkel des anderen, da gehören unterschiedliche Meinungen eben auch dazu. Wir haben uns einmal geschworen, dass wir zusammen besser und stärker sein wollen als allein – und das funktioniert nur, wenn wir uns gegenseitig immer wieder geistig herausfordern.

Joel hat in seiner eigenen 50-jährigen Ehe dieselbe Erfahrung gemacht. »Eine Ehe bietet uns die Möglichkeit uns selbst zu testen und auch zu leiden, und beides schafft Wachstum und Liebe. Ohne Leiden wächst und liebt man nicht wirklich. Wir lernen uns ja erst im Bezug auf andere so richtig kennen. Wechseln wir ständig den Partner, dann fehlt uns vielleicht ein Mosaikstein zu unserem eigenen Bild.«

»Wir sollen also aus eigennützigen Gründen bei unserem Partner bleiben, damit wir uns selbst kennenlernen?«, frage ich provokant. Joel hat auch in dieser Frage eine andere Sichtweise: In Sachen Ehe hätten wir einfach die falschen Vorstellungen, antwortet er. Genau wie Gesundheit und Krankheit eng miteinander verbunden sind, so sind auch Leben und Tod eng miteinander verknüpft. Bei der Ehe sei es nicht anders: Sie habe gute und schlechte Seiten, gute und schlechte Phasen, aber wir wünschen uns nur die guten, nicht die schlechten. Joel erklärt, es ginge also darum, diese Realität zu akzeptieren, dann sei sie schon nicht mehr so angsteinflößend.

Ich stelle mir das so ähnlich vor wie den inneren Kampf vieler Frauen mit ihrem Körperimage. Wenn wir uns jeden Tag vor dem Spiegel einen kleineren Po oder größeren Busen, glattere Haare oder rosigere Haut wünschen, dann stehen wir von vornherein auf Kriegsfuß mit unserer eigenen Natur. Wenn wir aber akzeptieren, dass unsere Haare nie genau das tun werden, was wir wollen, oder die extra Kilos auf den Hüften nicht spontan über Nacht zur Brustregion hochwandern, dann finden wir den Frieden mit uns selbst und können uns auf andere, wichtigere Aspekte in unserem Leben konzentrieren.

So ist es auch in der Partnerschaft: Wenn wir aufhören, immer nur nach dem bestmöglichen Ehe-Ideal zu streben und stattdessen unsere Realität akzeptieren, dann kann es sogar vorkommen, dass wir durch das Loslassen eines falschen Ideals plötzlich genau die Liebe empfinden, die wir zu suchen meinten. Akzeptanz kann uns also auch frei machen und unsere Augen für die guten Seiten des anderen öffnen.

Bei der Liebe geht es aber nicht nur um Selbsterkenntnis und Akzeptanz, sondern auch um den Blick auf einen anderen Menschen. »Wenn sich mein Leben ausschließlich um mich selbst dreht«, sagt Joel, »alleine um meine Hobbies und meine Selbstverwirklichung, dann ist mein Leben doch ziemlich armselig! In einer Ehe haben wir die Möglichkeit, uns in einem anderen Menschen zu sehen und zu erkennen und uns für das Wohlergehen des anderen einzusetzen.«

Können wir also selbst glücklicher werden, wenn wir uns auf das Glück anderer besinnen? Wir hatten doch gerade erst mühsam verstehen müssen, dass wir erst lernen sollten, uns selbst glücklich zu machen, um dann Glück teilen und Liebe schenken zu können. Ich habe in einer Studie gelesen, dass Menschen, die Freiwilligenarbeit leisten, eindeutig glücklicher waren als andere. Dieses Glücksgefühl spiegelte sich sogar in deren Gesundheit wieder und es wurden nachweislich weniger Herz-Kreislauferkrankungen festgestellt als in der Kontrollgruppe, die keine Freiwilligenarbeit leistete. Die Sache mit dem Glück ist also eine Art Kreislauf, da das Glück anderer zu unserer eigenen Glücksquelle werden kann. Und wenn wir durch Weitergabe von Glück glücklich werden, wird uns das motivieren, den Kreislauf immer weiter fortzuführen. Wir können also tatsächlich weise egoistisch und gleichzeitig selbstlos sein.

Es ist schon seltsam, dass solche Extreme meistens ganz nah beieinander liegen. Wer sich also darauf besinnt, anderen Glück geben zu wollen, anderen Liebe schenken zu wollen, egal ob er dafür etwas bekommt oder nicht, wird sich selbst besser fühlen und glücklicher sein. Erich Fromm weitete diesen Gedanken auf die Religion aus. Wenn jemand »ein wahrhaft religiöser Mensch« ist, sagt er, dann »betet er nicht um etwas, dann erwartet er nichts von Gott; (…) er hat sich zu der Demut durchgerungen, dass er seine Grenzen fühlt und weiß, dass er über Gott nichts wissen kann«. Anstatt zu beten, meint Fromm, lebt ein solcher Mensch »die Prinzipien, die ›Gott‹ repräsentieren; er denkt die Wahrheit, er lebt die Liebe und Gerechtigkeit«. Insofern würde sich ein »wahrhaft religiöser Mensch« ja von einem moralischen Atheisten kaum unterscheiden – die zwei Extreme wären also im Endeffekt gleich. Ähnlich ist es beim

Sport. Wenn Menschen an ihre absoluten körperlichen Grenzen kommen, müssen sie gleichzeitig einen ganz besonderen geistigen Kraftaufwand leisten.

Wenn man diesen Gedanken weiterspinnt, dann kommt man zu dem Schluss, dass die Verbindlichkeit der Ehe im Vergleich zu einer losen Beziehung den Partnern auch mehr Freiheit bieten kann. Erst wenn beide wirklich »Ja« zueinander sagen, erst wenn wir uns dieser Bindung wirklich verpflichten – ohne Wenn und Aber – werden wir am Ende freier und glücklicher sein. Denn dann können wir unsere Wunden offenbaren, ohne Angst zu haben, verlassen zu werden. Dann können wir gegenseitig an unseren Schwachstellen feilen und wirkliche Nähe schaffen. Dann werden wir zu Menschen und können uns endlich ohne unsere Manager-Hülle, unser Juristen-Kostüm oder unsere Model-Maske begegnen. Liebe limitiert, Liebe schränkt ein, aber sie macht auch frei.

Ich erinnere mich wieder an das Gespräch mit der Therapeutin Sara Rosenquist, die mir hauptsächlich von ihrer Liebe zum argentinischen Tango erzählte. Diese Art des Tanzens sei wie die Liebe: improvisiert, manchmal langsam und vorsichtig, dann wieder stürmisch schnell. Manchmal gehen die Tanzpartner auf Distanz, dann halten sie sich kurz darauf wieder leidenschaftlich in den Armen. Anfangs treten sie sich hin und wieder auf die Füße, bis sie nach und nach zu einem gemeinsamen Rhythmus finden. Während des gesamten Tanzes sei das Wichtigste aber nicht das Tempo oder die besonderen Tanzeinlagen, sondern dass das Paar ganz genau auf die Signale des anderen höre. Dabei müsse einer den anderen sorgfältig, aber unbemerkt führen und lenken, damit beide ihre besten Seiten zur Schau stellen können.

So ist es wohl auch im Leben: Liebe funktioniert nur, wenn

sich beide nicht aus den Augen verlieren, den Kontakt halten, die Signale des anderen spüren und das starke Verlangen haben, zusammen besser zu sein als allein.

Der Canon in D ist schon fast vorüber, als die Blumenkinder endlich durch die Kirchentür an uns Gästen und Familienmitgliedern vorbeiziehen. Kurz darauf folgt die Braut. Ihren Arm bei ihrem stolzen Vater eingehängt, schreitet sie strahlend Schritt für Schritt auf ihren Bräutigam zu. Nach einer kurzen Rede und einigen Musikeinlagen halten sich die beiden an den Händen, stecken sich gegenseitig die Ringe an und wiederholen den Satz, den schon so viele vor ihnen gesagt haben. Gerührt geben sie sich das Ja-Wort und ich hoffe insgeheim, dass es nur das erste von vielen sein wird, die sie sich in ihrem gemeinsamen Leben geben werden. Der Pfarrer hält zum Abschied seine Hand über die des Paares und zitiert den amerikanischen Dichter E. E. Cummings. »Mit der Liebe«, sagt er, »seid ein klein bisschen vorsichtiger als mit allem anderen.«

Nachwort

Jemand sagte einmal zu mir: »Wir lehren, was wir selbst zu lernen haben«. Nach zahlreichen Gesprächen mit Paaren und Profis, die mir beziehungstechnische Ratschläge geben und mich vor Stolpersteinen warnen sollten, nach eifrigem Durchwühlen von Bergen an Studien und Ratgebern hoffe ich, mit meiner Suche nach dauerhaftem Glück in der Partnerschaft nicht nur Ihnen, sondern auch mir selbst den Weg zur langen Liebe geebnet zu haben. Eine Liebe, die die gleiche Wärme ausstrahlt und Geborgenheit schenkt wie ein gemütlich prasselndes Kaminfeuer.

Ob meine eigene Liebe nun halten wird, weitere Stürme und Dürren überstehen kann, wird sich zeigen. Zumindest weiß ich jetzt: Nur ein echtes »Ja« macht uns frei genug, eine tiefe und glückliche Partnerschaft zu führen, und es gibt uns die besten Chancen, nicht doch irgendwann ausgetauscht oder abgestempelt zu werden. Nur ein echtes »Ja« macht wirklich Sinn.

Was passiert, wenn unsere Beziehung trotz allem in die Brüche geht? Was passiert, wenn ich »Ja« sage, mein Partner sich aber von heute auf morgen für ein spontanes »Nein« entscheidet? Dann wissen wir, dass wir unseren Teil gegeben haben, dass wir mit vollem Herzen lieben wollten und unser Partner diese Liebe einfach nicht annehmen konnte. Wenn beide von uns wirklich »Ja« sagen, dann dürfen wir auch mal kleine Fehler machen und können uns gegenseitig unsere Schwächen verzeihen.

Wer lange lieben will, dem geht es nicht nur um den Partner allein, sondern um die Partnerschaft. Dem geht es nicht nur um das Heute, sondern auch um das Morgen. Wer lange lieben will, der entscheidet sich für seine Beziehung auch aus weisem Egoismus, um sich selbst mit allem Guten und allem Schlechten kennen und am Ende vielleicht sogar lieben zu lernen.

Ich wünsche uns allen, dass uns dieses Kunststück gelingt, dass wir liebend durchs Leben tanzen, mit unserem Partner an der Seite und unserem Blick in die Zukunft gerichtet.

Andrea J. Larson, geboren 1978 in München, lebt mit ihrer Familie in den USA. Sie ist Mutter von drei Kindern und freiberufliche Autorin. Zusammen mit ihrer Mutter Linda Jarosch schrieb sie 2010 ihr Erstlingswerk »Ich sehe dich und finde mich«.

www.AndreaJLarson.com
Facebook: Andrea J Larson
Twitter: @AndreaJLarson

Literaturverzeichnis

Amato, Paul/Booth, Alan/Johnson, David/Rogers, Stacy: Alone Together, How Marriage in America Is Changing, Cambridge, MA, Harvard University Press 2007

Bader, Ellyn/Pearson, Peter: In Quest of the Mythical Mate, A Developmental Approach to Diagnosis and Treatment in Couples Therapy, Florence, Kentucky, Brunner-Routledge 1988

Bauman, Zygmunt: Liquid Love, Cambridge, Malden, MA, Polity Press 2003

Capellanus, Andreas: The Art of Courtly Love, New York, Continuum 1990

Coontz, Stephanie: Marriage, a History, New York, Penguin 2005

Fisher, Helen: Why We Love, The Nature and Chemistry of Romantic Love, New York, Henry Holt 2004

Fisher, Helen: Why Him, Why Her? New York, Henry Holt 2010

Friedman, Howard S./Martin, Leslie R.: The Longevity Project, New York, Hudson Street Press 2011

Fromm, Erich: The Art of Loving, New York, Harper 1956

Grün, Anselm: Das kleine Buch vom wahren Glück, Freiburg im Breisgau, Herder 2001

Krasnow, Iris: Surrendering to Marriage, Husbands, Wives, and Other Imperfections, New York, Miramax Books 2002

Pinkola Estés, Clarissa: Die Wolfsfrau, Die Kraft der weiblichen Urinstinkte, München, Heyne 1998

Plato/Jowett, Benjamin: Six Great Dialogues: Apology, Crito, Phaedrus, Symposium, The Republic, New York, Walter J. Black 1942

Wallerstein, Judith S./Blakeslee, Sandra: Gute Ehen, Wie und warum die Liebe dauert, Berlin, Beltz Quadriga 1996

Quellenhinweis

Drei Zitate von Erich Fromm (1, 2, 3) wurden dem Buch »Die Kunst des Liebens« entnommen. Wir danken für die freundlicherweise erteilte Abdruckgenehmigung.
Quelle: Erich Fromm, Die Kunst des Liebens,
© 1956 by Erich Fromm
Erich Fromm-Gesamtausgabe in 12 Bänden, München 1999, Band IX, S. 440 und S. 467.

Verlagsgruppe Random House FSC-DEU-0100
Das für dieses Buch verwendete FSC®-zertifizierte Papier
Munken Premium Cream liefert Arctic Paper Munkedals AB, Schweden.

© 2013 by adeo Verlag
in der Gerth Medien GmbH, Asslar,
Verlagsgruppe Random House GmbH, München

1. Auflage März 2013   ‒

Bestell-Nr. 814283
ISBN 978-3-942208-83-3

Umschlaggestaltung: Gute Botschafter GmbH, Haltern am See
Satz: Uhl + Massopust GmbH, Aalen
Druck und Verarbeitung: GGP Media GmbH, Pößneck
Printed in Germany